Eddie Rasnake

Miteinander

Gemeinschaft nach Gottes Plan

MIT EINANDER

GEMEINSCHAFT NACH GOTTES PLAN

Eddie Rasnake

rigatio — Bibelkurs mit 6 LEKTIONEN für Einzelne und Gruppen | ZUSATZMATERIAL rigatio.com

Impressum

Falls nicht anders angegeben, sind die Bibelstellen zitiert nach der Revidierten Elberfelder Übersetzung 2006. Copyright SCM R. Brockhaus im SCM-Verlag GmbH & Co. KG, Witten.

Rasnake, Eddie
Miteinander
Gemeinschaft nach Gottes Plan

ISBN 978-3-95790-047-0

2. Auflage 2022
© rigatio Stiftung gGmbH
Übersetzung: rigatio
Umschlaggestaltung: rigatio (Bild: AdobeStock_105692455)
Satz: jensweigel.de, Marburg
Druck: ARKA, Cieszyn (Polen)

Inhalt

Auf Gemeinschaft kommt es an

Der *Lone Ranger*, „der einsame Hüter", ist eine fiktive Figur, die im alten amerikanischen Westen lebt. Er ist ein maskierter Texas Ranger, der Unterdrückten hilft und bei seinen Abenteuern von seinem indianischen Freund Tonto unterstützt wird. Erfunden wurde die Figur 1933 für die gleichnamige Hörspielreihe des US-Radio. Knapp 3000 Folgen wurden bis 1954 produziert; später entstand daraus eine Fernsehserie. Dieser einsame Held, der durch die Prärie zieht, ist zu einem liebenswerten und bleibenden amerikanischen Idol geworden.

Auch wenn die Idee des *Lone Rangers* einen gewissen romantischen Reiz hat, ist er aber kein gutes Beispiel dafür, wie Christen aus ihrem Glauben heraus leben sollten. Zu viele versuchen heute, es im Alleingang zu schaffen. Sie besuchen vielleicht den Gottesdienst und gehen dabei in einer größeren Gruppe von Gläubigen unter – oder sie nutzen einfach technische Möglichkeiten, um Gottesdienste zu erleben: Radioübertragung oder im Internet den Livestream aus Gemeinden. Sie verstehen zwar, dass es wichtig ist, eine Predigt zu hören oder Gott gemeinsam anzubeten, aber sie übersehen dabei den Gemeinschaftsaspekt des Christentums. Diese „*Lone-Ranger*-Christen" leben den größten Teil ihres Glaubens so, als wäre es eine Einzeldisziplin. Die Ironie bei der Sache ist: Selbst der original *Lone Ranger* war nicht allein, sondern hatte immer seinen Freund Tonto an der Seite.

„Lone-Ranger-Christen" leben den größten Teil ihres Glaubens so, als wäre es eine Einzeldisziplin.

Eine große Zahl von Kirchen und Gemeinden nehmen heute Auswertungen vor, um die Ursachen für rückläufige Besucherzahlen herauszufinden. Obwohl sie vielleicht aufwendige Programme und viele Aktivitäten anbieten, beklagen viele Gläubige, dass ihnen Gemeinschaft fehlt. Das sollte uns nicht überraschen. Unserer Zeit geht echte, authentische Gemeinschaft insgesamt verloren. War es vor 50 Jahren noch üblich, enge Beziehungen zu unseren Nachbarn zu haben, ist es heute vielerorts so, dass wir in der Nachbarschaft von Menschen leben, deren Namen wir nicht kennen geschweige denn ihre Familiensituation. Die Einheit der Familie zerbricht an nichtfunktionierenden Beziehungen, vielen berufsbedingten Umzügen und einer höchst mobilen und kurzlebigen Gesellschaft. Viele Menschen fühlen sich heute isoliert und allein. Ich glaube, dass dies eine große Chance für gemeinschaftsorientierte Gemeinden ist, um Menschen zu erreichen. Aber das geschieht nicht in dem Ausmaß, wie es sollte. Selbst in Gemeinden mit vielen Möglichkeiten zur Gemeinschaftspflege nimmt nicht jeder das Angebot wahr und macht mit. Manche Gläubige sehen nicht die Notwendigkeit dazu.

In dieser ersten Lektion wollen wir das Problem der „*Lone-Ranger*-Christen" mit Hilfe einiger Worte Salomos ansehen. Der alttestamentliche König war der reichste und weiseste Regent, der je gelebt hat. Aufgrund seiner großen Weisheit hätte er meinen können, ohne andere Menschen auszukommen. Bestimmt war er in der Lage, jede Entscheidung allein zu treffen. Aufgrund seines enormen Reichtums hätte er sich allein auf seine Ressourcen verlassen können. Wenn jemand ganz gut allein zurechtkommen konnte, dann Salomo. Aber er baute um sich herum eine Gruppe von Beratern auf. Er war weise genug zu verstehen, dass er nicht alles wusste und konnte. In Prediger 4,9-12 lesen wir, was er gegen Ende seines Lebens schrieb:

„Zwei sind besser daran als ein Einzelner, weil sie einen guten Lohn für ihre Mühe haben. Denn wenn sie fallen, so richtet der eine seinen Gefährten auf. Wehe aber dem Einzelnen, der fällt, ohne dass ein Zweiter da ist, ihn aufzurichten! Auch wenn zwei beieinander liegen, so wird ihnen warm. Dem Einzelnen aber, wie soll ihm warm werden? Und wenn einer den Einzelnen überwältigt, so werden doch die zwei ihm widerstehen; und eine dreifache Schnur wird nicht so schnell zerrissen."

In diesen wenigen Versen finden wir kluge Hinweise, warum Gemeinschaft wichtig ist – warum wir als Gläubige das Leben gemeinsam angehen müssen. Salomo zeigt uns an vier Bildern aus dem Alltag, dass wir keine „*Lone-Ranger*-Christen" sein sollten, sondern besser lernen, miteinander in Gemeinschaft zu leben.

Gemeinschaft
1. Tag

Gemeinsam haben wir einen größeren geistlichen Einfluss

„Zwei sind besser daran als ein Einzelner, weil sie einen guten Lohn für ihre Mühe haben."
Prediger 4,9

Der Sozialpsychologe Floyd H. Allport führte im Jahr 1920 an der *Harvard University* erstaunliche Experimente durch. Dabei verglich er die Leistungen von Individuen, die einmal allein und einmal in einer Gruppe handelten. Dadurch zeigte er empirisch, dass eine Gruppe von Menschen, die jeder für sich an demselben Tisch arbeiten, in einem breiten Aufgabenspektrum bessere Leistung erzielen, auch wenn sie weder zusammenarbeiten noch konkurrieren. Allein dadurch, dass sie unter anderen Menschen waren, erreichten sie mehr. Für unseren Alltagsverstand scheint uns das irgendwie plausibel. Doch Allport konnte sogar durch eine wissenschaftliche Untersuchung bestätigen, was Salomo in Prediger 4,9 schreibt: *„Zwei sind besser daran als ein Einzelner, weil sie einen guten Lohn für ihre Mühe haben."* In diesem ersten Bild geht es Salomo um Folgendes: Dein und mein geistliches Leben braucht die Hilfe, die Ermutigung, die Unterstützung, die Stärkung und das Vorbild anderer. Wir brauchen christliche Gemeinschaft, weil wir so einen größeren geistlichen Einfluss haben.

Lesen Sie Markus 6,7 und Lukas 10,1 im jeweiligen Kontext. Was fällt Ihnen hier auf?

Haben Sie sich jemals gefragt, warum Jesus die Jünger zu zweit aussendet? Ich versichere Ihnen: Das war kein Zufall. Es ist wirklich ein einfaches Prinzip, und doch so unglaublich tiefgründig: Christsein ist keine Einzeldisziplin. Damit wir nicht denken, dieses Prinzip sei nur für die zwölf Apostel gültig gewesen, macht Lukas 10 deutlich, dass diese Praxis auch für eine größere Gruppe von Nachfolgern die Norm war. Indem Jesus die Jünger so aussendet, sorgt er dafür, dass sie sowohl Ermutigung als auch Rechenschaftspflicht in ihrem Dienstbereich haben. Es ist einfacher, mutig zu sein, wenn jemand an unserer Seite ist. Zusammen schaffen wir, was wir allein nicht können.

 Lesen Sie Apostelgeschichte 13,1-5. Wer stellte das Mitarbeiterteam für die erste Missionsreise zusammen? Was lernen Sie daraus zusätzlich über Jesu Prinzipien?

 **SAKAR**

Das hebräische Wort *sakar* in Prediger 4,9 bedeutet Lohn. Es erinnert uns daran, dass die Gläubigen im Himmel eine Belohnung für den Dienst auf der Erde erwartet.

Aus diesem Abschnitt wird deutlich, dass Weltmission als Teamarbeit begonnen hat. Wir stellen uns den Apostel Paulus oft als Einzelkämpfer vor, aber durch die Initiative des Heiligen Geistes hatte er Partner an seiner Seite. Dieses Prinzip sollte für den Rest seines Lebens die Regel bleiben. Das finden wir durch die Tatsache bestätigt, dass jeder seiner Briefe als Absender den Namen des Paulus sowie den eines weiteren Mitarbeiters wie Silas oder Sosthenes trägt.

Manche Tätigkeiten erfordern einen Partner (z. B. Wippen, Tango tanzen, Tennis spielen). Auch Aktivitäten, die man allein machen kann, funktionieren oft besser gemeinsam mit anderen. Wer auch immer sagte: „Zwei Köpfe sind besser als einer", wusste, wovon er sprach. Gemeinsam können wir *„einen guten Lohn"* haben, einen besseren als allein.

 Lesen Sie 5. Mose 32,30. Was fällt Ihnen an Moses Worten auf?

Mose kleidet seine Aussage hier in die Form einer Frage. Es scheint, als wolle er sagen, dass in der biblischen Mathematik eins plus eins viel mehr als zwei ergeben kann. Unser gemeinsamer Einfluss addiert sich nicht, sondern multipliziert sich. Er ist zusammen um vieles größer, als würde jeder für sich allein arbeiten.

Die Gemeinde, in der ich zu Hause bin, gehört zur *Southern Baptist Convention* (SBC). Dieser Zusammenschluss von Gemeinden ist keine Denomination im traditionellen Sinn. Es gibt keine zentrale Autorität, keine Hierarchie oder Bischöfe, die einen Gemeindebezirk beaufsichtigen. Jede Gemeinde ist autonom mit ihren individuellen Strukturen. Aber durch ihren Zusammenschluss verbindet sie viele Hände zu dem Ziel, die Welt zu erreichen. Der SBC wurde aus dem Bewusstsein gegründet, dass wir im Bereich der Weltevangelisation so viel mehr erreichen können, wenn wir gemeinsam arbeiten und unsere Mittel zusammenlegen. Während es für eine Einzelgemeinde vielleicht zu teuer ist, einen Vollzeitmissionar zu finanzieren, können mehrere Gemeinden diese Aufgabe stemmen und Arbeiter aussenden.

„Zwei sind besser daran als einer." Wir brauchen die Hilfe der anderen! Wir haben gemeinsam einen viel größeren Einfluss, als wir ihn allein hätten. Gemeinsam haben wir einen *„guten Lohn"* für unsere Mühe.

> *Wir haben gemeinsam einen viel größeren Einfluss, als wir ihn allein hätten.*

Gemeinschaft
2. Tag

Gemeinsam haben wir eine größere geistliche Festigkeit

Die Zwei ist für Gott eine sehr wichtige Zahl: Er schuf uns mit zwei Augen, Ohren, Armen und Händen, Beinen und Füßen, und sogar mit zwei Lungenflügeln. Ein Mensch kann auch mit nur einem von zweien leben, aber in jedem Fall klappt es mit beiden besser. So hat Gott uns geschaffen. Mit zwei Augen sehen wir besser. Wenn beide Ohren richtig funktionieren, hören wir besser. Wenn es um die Beine geht, sind wir mit zweien standhafter als mit einem. Kürzlich ist mir das auf sehr praktische Weise neu bewusst geworden. Meine Frau hatte einen Meniskusriss, der durch mehrere Operationen „repariert" werden musste. Die Verletzung und die damit verbundenen Schmerzen machten sie sehr unsicher auf den Beinen. Während der Genesungszeit musste ich ihr oft bei alltäglichen Dingen helfen z. B. beim Treppensteigen. Sie hatte ganz einfach nicht die gleiche Stabilität wie zuvor. Jetzt geht es ihr wieder gut. Aber diese Zeit hat uns daran erinnert, dass wir dankbar dafür sein sollen, was wir haben.

 Lesen Sie Prediger 4,10. Mit welchem Aspekt des Lebens hat dieses zweite Bild zu tun?

Es scheint, dass dieses zweite Bild dem Bereich des Reisens entstammt. Auch aus einer geistlichen Perspektive ist es sehr einleuchtend. Die Bibel beschreibt das Leben des Christen unter anderem als Lauf (vgl. 1Kor 9,24; Hebr 12,1). Salomo führt das Bild weiter aus: *„Wehe aber dem Einzelnen, der fällt, ohne dass ein zweiter da ist, ihn aufzurichten."* Tatsächlich kann das Reisen sehr heimtückisch sein, denn entlang des Weges lauern Gefahren. Die Schlüsselfrage für jeden von uns lautet: „Gibt es jemanden an unserer Seite, der uns aufrichtet?" In Gemeinschaft haben wir eine größere geistliche Stabilität.

✝ **Lesen Sie Sprüche 17,17. Wie lässt sich das auf Gläubige anwenden?**

> *„Wehe aber dem Einzelnen, der fällt, ohne dass ein zweiter da ist, ihn aufzurichten."*
> **Prediger 4,10**

Es kann gefährlich sein, allein zu gehen. Bemerkenswert ist, wie oft Salomo schreibt, dass wir unser Leben miteinander verbinden müssen. Das ist wichtig! Gibt es Menschen in Ihrem Leben, die für Sie auch in der Not da sind? Sie brauchen sie. Echte Freunde sind bei uns in den schweren Zeiten, und nicht nur in den guten. Auf Familie – und auch auf unsere Geschwister in der Familie Gottes – können wir uns in den schwersten Momenten verlassen.

Von Anfang an hat Gott uns so geschaffen, dass Menschen in unserem Leben vorkommen. Lesen Sie 1. Mose 2,18. Denken Sie darüber nach, was das im unmittelbaren Kontext bedeutet und wie wir dieses Prinzip in unserem Leben als Christ anwenden können.

Einer der erstaunlichsten Aspekte dieser Aussage ist, dass sie im Garten Eden gemacht wurde, noch bevor die Sünde in die Welt gekommen war. Sogar in dieser vollkommenen Umgebung gab es etwas, das Gott als *„nicht gut"* bezeichnete: Adam war noch allein. Die erste Anwendung ist, dass Gott hier über die Ehe spricht. Aber das Prinzip lässt sich viel weiter anwenden. Es ist Gottes Wille für die meisten Menschen, dass sie heiraten. Aber es ist sein Wille für *alle* Menschen, dass sie in Gemeinschaft mit anderen sind – ob verheiratet oder als Single.

Gott hat uns geschaffen, damit wir mit anderen das Leben teilen. Im Talmud, einer jüdischen Sammlung rabbinischer Weisheiten, lesen wir: „Ein Mann ohne Begleiter ist wie eine linke Hand ohne die rechte." Stellen Sie sich vor, wie kompliziert ganz einfache Dinge wie Händewaschen mit nur einer Hand werden. Ellie Currier ist eine Schwester aus unserer Gemeinde. Ich kenne sie schon ihr ganzes Leben lang. Während ihrer Collegezeit war sie in einen Autounfall verwickelt, bei dem sie den linken

> *„Ein Mann ohne Begleiter ist wie eine linke Hand ohne die rechte."*
> **Aus dem Talmud**

Arm verlor. Nach dem Anfangstrauma und der körperlichen Genesung begann für sie eine herausfordernde Aufgabe: Sie musste lernen, grundlegende Tätigkeiten wie persönliche Körperpflege und alltägliche Handlungen mit nur *einem* Arm zu erledigen. Während es mir hier auch darum geht, dass zwei Arme besser sind als einer, ist aber der springende Punkt tatsächlich *Gemeinschaft*. Für Ellie wurde Gemeinschaft enorm wichtig. Die Gemeinde war für sie und ihre Familie da, als Ellie versuchte, wieder Normalität in ihr Leben zu bringen. Sie hatte Kontakt zu anderen Behinderten durch den christlichen Dienst *Joni and Friends*. Indem sie andere Menschen in einer ähnlichen Situation kennenlernte, fühlte sie sich nicht mehr nur allein, sondern fand auch sehr viel praktische Hilfe. Schließlich begann sie, in einer Missionsarbeit mitzuhelfen, die behinderte Menschen in anderen Kulturen erreichen möchte. Ellie fand in der Gemeinschaft sowohl Unterstützung als auch ein neues Gefühl der Sinnhaftigkeit und Möglichkeiten, im Leben anderer gebraucht zu werden. Gott hat uns für die Gemeinschaft geschaffen. Wenn wir das verstehen, schenkt uns das unglaublich viel Erfüllung im Leben.

 Lesen Sie Sprüche 11,14. Was sagt Ihnen dieser Vers im Hinblick auf geistliche Stabilität und Gemeinschaft mit anderen Gläubigen?

Zwei Beine geben uns Stabilität. Salomo sah den Ratschlag auch unter diesem Aspekt. Er wusste, dass wir bessere Entscheidungen treffen, wenn wir die Weisheit anderer zu Rate ziehen. In diesem Vers kontrastiert er die Entscheidung eines Einzelnen mit der Kraft und Hilfe des Rates, den wir aus der Gemeinschaft der Gläubigen bekommen. Ohne Führung kommen Menschen viel leichter zu Fall. Aber es *„kommt Rettung durch viele Ratgeber"*. Das ist etwas, das Sie in Gemeinschaft immer haben.

Gewöhnlich lese ich keine antiken Philosophen, aber bei der Ausarbeitung dieser Lektion stieß ich auf ein Zitat, das gesessen hat. Der römische Schriftsteller und Philosoph Cicero schrieb: „Freundschaft fördert Freude und verringert Kummer, indem sie die Freude verdoppelt und den Kummer halbiert." Denken Sie darüber nach. Erlauben Sie mir zu fragen: Haben Sie christliche Freunde, mit denen Sie sich freuen können? Haben Sie christliche Freunde, mit denen Sie traurig sein können? Gibt es Menschen in Ihrem Leben, die Ihnen gratulieren, wenn Sie etwas Großes erreicht haben? Die Ihnen Essen kochen, wenn Sie krank sind? Sind Sie Teil einer Gemeinschaft, wo Menschen Sie umarmen, wenn Sie es brauchen? All das finden Sie in einer Gemeinschaft.

„Freundschaft fördert Freude und verringert Kummer, indem sie die Freude verdoppelt und den Kummer halbiert." **Cicero**

Lassen Sie mich deutlich sein: Ich rede über mehr, als über bloßen Gottesdienstbesuch. Sie können Sonntag für Sonntag anwesend sein, mitsingen, spenden, Predigten hören und nach Hause gehen, ohne jemanden wirklich zu kennen. Echte

Gemeinschaft entsteht dann, wenn wir uns anschließen und die anderen so gut kennenlernen, dass wir ihnen unsere Kämpfe anvertrauen können, und die anderen uns umgekehrt so gut kennen, dass sie das gleiche Vertrauen zu uns haben. Gott hat uns zur Gemeinschaft geschaffen. Gemeinsam haben wir einen größeren geistlichen Einfluss – einen guten Lohn für unsere Mühe. In Gemeinschaft haben wir eine größere geistliche Stabilität. Wir haben Menschen im Leben, die uns aufhelfen, wenn wir fallen.

In Gemeinschaft haben wir eine größere geistliche Leidenschaft

Gemeinschaft

3. Tag

Salomos dritte Illustration stammt aus dem kalten Winter. In Vers 11 sagt er: *„Auch wenn zwei beieinander liegen, wird ihnen warm. Dem Einzelnen aber, wie soll ihm warm werden?"* Das hier genannte Prinzip können wir auf den körperlichen Bereich anwenden – zusammen ist es wärmer, als wenn wir allein sind. Aber ich möchte Ihnen zeigen, dass dasselbe Prinzip auch für den geistlichen Bereich gilt. Der späte Bill Bright, Gründer von *Campus für Christus*, hat einen großen Einfluss auf mein Leben ausgeübt. Durch seine Organisation kam ich zum Glauben, und sieben Jahre lang arbeitete ich dort. Wenn er über die Wichtigkeit von christlicher Gemeinschaft sprach, erklärte er es oft mit diesem Bild: Einige Holzscheite brennen gemeinsam hell; nimmst du einen weg und legst ihn allein neben die Feuerstelle, verlöscht die Flamme schnell. Dasselbe gilt für das geistliche Leben. Wenn die Flamme unserer geistlichen Leidenschaft kleiner wird, kann es daran liegen, dass wir nicht häufig genug in einer bedeutungsvollen Gemeinschaft mit anderen Gläubigen sind. Es ist schön, bei großen Treffen miteinander zu singen, aber ich rede über mehr als das. Wir brauchen Menschen in unserem Leben, die uns herausfordern. Die von uns Rechenschaft fordern. Wir brauchen Freunde, die uns kennen und uns in unserem Glauben antreiben.

Als ich für *Campus für Christus* an der *University of Tennessee* gearbeitet habe, galt ein großer Teil meiner Tätigkeit den Sportlern. Jedes Jahr fuhren wir über die Frühlingsferien (sog. *Spring Break*) mit einer Gruppe Studenten zu einem christlichen Freizeitheim in Daytona Beach, der Hochburg des *Spring Break*. Man muss wissen, dass viele Studenten in diesen Ferien ins Warme fahren, um dort mit Unmengen von Alkohol, Drogen und sexueller Freizügigkeit exzessiv zu feiern. In einem Jahr waren zwei Werfer des Baseball-Teams der Uni, ein Quarterback der Football-Mannschaft und einige andere Sportler in unserer Gruppe dabei – alles Jungs, von denen man Selbstvertrauen und Risikobereitschaft erwartet. Ich schlug vor, dass wir zusammen am Strand in eine Party reinplatzten, um mit den Studenten ins Gespräch über Christus zu kommen. Es war überraschend, wie schüchtern diese Kerle plötzlich wurden. Das war definitiv etwas, wobei sie sich nicht mehr ganz wohlfühlten. Trotzdem zogen wir los. Ich bin sicher, dass keiner von ihnen so eine Aktion allein gemacht hätte. Als wir uns anschließend darüber austauschten, hatten wirklich alle aus der Gruppe durch diesen Einsatz Feuer gefangen: die offenen Türen, die Gott geschenkt hatte; die guten Gespräche über Christus, die wir in doch so ungewöhnlichen Umständen führen konnten. In der Gemeinschaft fingen wir Feuer von den Holzscheiten um uns herum und hatten eine größere geistliche Leidenschaft.

✝ **Lesen Sie Sprüche 27,17. Welche Bedeutung hat dieser Vers im Blick auf Ihre geistliche Leidenschaft?**

_____

_____

_____

_____

„Eisen wird durch Eisen geschärft, und ein Mann schärft das Angesicht seines Nächsten."
Sprüche 27,17

Als ich begann, mich mit diesem Thema zu beschäftigen, war ich erstaunt, wie viel Salomo über Gemeinschaft zu sagen hat. In Kapitel 27,17 gebraucht er einen Vergleich, um etwas sehr Wichtiges deutlich zu machen. In der gleichen Weise, wie *„Eisen ... durch Eisen geschärft"* wird, ist das Ergebnis der Gemeinschaft mit anderen, dass *„ein Mann ... das Angesicht seines Nächsten"* schärft. Auch wenn es Reibung gibt, haben wir am Ende ein scharfes Werkzeug. Wer sind die geistlichen „Schärfer" in Ihrem Leben? Wir finden solche Menschen im Kontext der Gemeinde.

✝ **Wie beschreibt Hebräer 10,24 die Wirkung der Gemeinschaft ganz praktisch?**

_____

_____

_____

_____

Dieser Vers aus dem Hebräerbrief liefert uns eine gute Beschreibung biblischer Gemeinschaft. Als Erstes ist hier von *Achthaben* die Rede, was davon spricht, dass wir eine Absicht haben und uns eine Handlung bewusst vornehmen. Damit wir persönlichen Gewinn haben und unserer Verantwortung gegenüber den anderen im Leib Christi nachkommen, müssen wir aktiv nach Möglichkeiten suchen, andere zu Liebe und zu guten Taten anzureizen und zu motivieren. Gibt es Menschen, die

Ihnen ein Ansporn zu mehr Geistlichkeit sind? Das ist eines der Dinge, derer wir uns berauben, wenn wir uns von anderen isolieren. Wir rauben außerdem der Gemeinschaft diese Möglichkeit, denn wir selbst sind doch auch für andere ein solcher Anreiz zu guten Werken.

Sehen Sie sich den nächsten Vers in diesem Abschnitt an. Formulieren Sie in eigenen Worten, warum es nach Hebräer 10,25 notwendig ist, Gemeinschaft zu suchen.

Gerade wurden wir ermahnt, uns gegenseitig zu Liebe und guten Taten anzureizen. Jetzt erinnert uns der nächste Vers daran, dass wir die Wohltat vom Leben des Leibes nur empfangen und den anderen zum Segen werden, wenn wir die Gemeindezusammenkünfte nicht *versäumen*. Denn genau dann, wenn wir uns mit den anderen Gläubigen treffen, sind wir am besten aufgestellt, um einander zu ermutigen. Offensichtlich ist der Schreiber des Hebräerbriefes darüber besorgt, dass manche Gläubige ihre frühere Gewohnheit aufgegeben hatten, regelmäßig mit anderen Christen zusammenzukommen. Aus Sicht des Schreibers ist der Bedarf dazu umso größer, je mehr die Wiederkunft des Herrn naht.

Eine der größten Sünden der Gemeinde unserer Zeit ist, dass wir uns nicht so konsequent als Gemeinde treffen, wie wir sollten – Abschottung setzt ein. Thom S. Rainer, US-amerikanischer Schriftsteller, schrieb: „Vor 20 Jahren war ein aktives Gemeindeglied jemand, der dreimal die Woche an Veranstaltungen teilnahm. Heute wird jemand als aktiv angesehen, wenn er dreimal im Monat kommt. Mancherorts ist der Durchschnitt noch niedriger."[1]

Manchmal lässt es sich aufgrund von Arbeit oder Krankheit nicht vermeiden. Oft rührt diese Unregelmäßigkeit aber eher von fehlenden Prioritäten her. Je näher Christi Wiederkunft rückt, desto mehr brauchen wir die Gemeinschaft mit anderen Gläubigen – und das geschieht nicht so einfach über Nacht. Bedeutungsvolles Zusammenwirken mit anderen in der Familie der Gläubigen erfordert Einsatz und Hingabe. Unverbindliche Gemeindeglieder sind ein Hinweis auf den Niedergang einer Gemeinde.

Gott hat uns für die Gemeinschaft geschaffen. Gemeinsam haben wir einen größeren geistlichen Einfluss (einen besseren Lohn für unsere Mühe). In einer Gemeinschaft haben wir eine größere geistliche Stabilität (wir können andere aufrichten, wenn sie fallen, und andere können uns in Zeiten der Not aufhelfen). Gemeinsam haben wir eine größere geistliche Leidenschaft (wir sind besser aufgestellt, um einander geistlich aufzuwärmen).

1 https://www.christianitytoday.com/karl-vaters/2018/may/
church-attendance-patterns-are-changing-we-have-to-adapt.html

Gemeinschaft
4. Tag

In Gemeinschaft haben wir eine größere geistliche Sicherheit

Wir können aus dem Tierreich viel lernen, was die Bedeutung von Gemeinschaft widerspiegelt. Aus praktischen Gründen schwimmen Fische im Schwarm. Das bietet ihnen einen größeren Schutz. Wenn ein Fischschwarm einem Fressfeind begegnet, sind die Überlebenschancen nicht nur für jeden Einzelnen in der Gruppe größer, sondern aus der Ferne betrachtet erscheint dieser Zusammenschluss von Fischen wie ein viel größerer Organismus. Wird ein solcher Schwarm angegriffen, stieben die Fische in viele Richtungen auseinander, was dem Räuber das Jagen erschwert. Das Reisen in einer Gruppe erhöht die Chance, einen Freund zu finden. Gänse fliegen als Gruppe aus ganz praktischen Gründen in einer V-Formation. Fliegen erfordert viel Energie. Die führende Gans drückt die Luft zur Seite und erzeugt einen Auftrieb, den die Tiere hinter ihr nutzen. Dadurch wird der Energieverbrauch gesenkt, und längere Strecken können zurückgelegt werden. Wenn die führende Gans ermüdet, lässt sie sich zurückfallen und eine andere nimmt ihre Position ein. Diese Formation erleichtert es den Gänsen, zueinander in Sichtkontakt zu bleiben, damit sie die Flugrichtung beibehalten und nicht verlorengehen. Wölfe jagen in Rudeln, denn gemeinsam können sie viel größere Beutetiere angreifen, wie sie es allein niemals schaffen würden. Sie können das Beutetier über lange Strecken jagen, wobei verschiedene Wölfe bei der Jagd unterschiedliche Funktionen entsprechend ihrer Größe und Fähigkeit übernehmen können. Aber der Schlüssel zu ihrem Erfolg liegt darin, ein einzelnes Tier wie einen Hirsch oder Elch vom Rest der Herde zu isolieren. Wölfe sind aufgrund der Gemeinschaft äußerst beeindruckende Jäger, und ihre Beute ist ohne Gemeinschaft äußerst verwundbar.

✝ **Lesen Sie Prediger 4,12. Beantworten Sie dann die folgenden Fragen.**

Was ist laut Vers 12 der Nutzen der Gemeinschaft und was die Gefahr der Isolation?

_____

_____

_____

Wo passt Ihrer Meinung nach das Prinzip „_dreifache Schnur_" in diese Gleichung?

_____

_____

_____

In seiner vierten Illustration wählt Salomo einen Vergleich aus dem Bereich des Militärs. Ihm kommt es darauf an, dass wir in der Gemeinschaft größere Sicherheit genießen und in der Isolation größerer Gefahr ausgesetzt sind. Wenn wir allein sind, kann der Feind uns überwältigen. Die *„dreifache Schnur"* kann sich auf eine größere Gemeinschaft von Gläubigen beziehen, aber auch ein Hinweis auf die Rolle des Herrn in diesem Prozess sein. Im Kontext von Gemeindezucht und deren Ziel, einen sündigen Bruder wiederherzustellen, lesen wir in Matthäus 18,20: *„Denn wo zwei oder drei versammelt sind in meinem Namen, da bin ich in ihrer Mitte."* Eine solch schwierige Aufgabe, wie einen Menschen mit seiner Sünde zu konfrontieren, lässt sich wahrscheinlich mit mehreren umsichtiger und einfühlsamer angehen. Wenn wir den Herrn in diesen Prozess einbinden, gibt uns das Sicherheit.

Was ist laut Sprüche 15,22 der Nutzen davon, wenn man andere in einen Entscheidungsprozess einbindet?

Auf den ersten Blick bringt man diesen Vers vielleicht nicht mit Gemeinschaft in Verbindung, aber doch ist er ein weiteres Beispiel aus Salomos Repertoire. Wir treffen bessere Entscheidungen mit dem Beitrag anderer, als wenn wir allein überlegen. Das Leben im Leib Christi mit den Beziehungen zu unseren Brüdern und Schwestern in der Familie Gottes bietet uns eine große Bandbreite an Kompetenz, die wir zu Rate ziehen können. Wie leben Sie Ihr Leben als Christ?

 Lesen Sie 2. Samuel 11,1-4. Schreiben Sie auf, wie die Gefahr der Vereinzelung einen Beitrag zu Davids Fall geleistet haben könnte.

In dieser tragischen Begebenheit aus dem Leben König Davids sehen wir die innewohnende Gefahr der Vereinzelung. Zu der Zeit des Jahres, wenn David normalerweise mit seinen Männern in den Kampf gezogen wäre, entschied er sich für Urlaub. Allein, ohne die Rechenschaftspflicht und Verantwortung gegenüber seinen Brüdern, erlag er der Versuchung und fiel schrecklich. Dieser Mann nach Gottes Herzen beging sowohl Ehebruch als auch einen Mord bei seinem Versuch, Batsebas Schwangerschaft zu vertuschen. Auf Davids Sünde folgten weitreichende Konsequenzen. Gott ließ diesen Vorgang seines Fallens niederschreiben als Warnruf für alle, dass man in der Vereinzelung viel leichter Beute der Sünde wird. Die größten Sünden in Davids Lebens passierten, als er allein war.

„Und wenn einer den Einzelnen überwältigt, so werden doch die zwei ihm widerstehen; und eine dreifache Schnur wird nicht so schnell zerrissen."
Prediger 4,12

Die größten Sünden in Davids Lebens passierten, als er allein war.

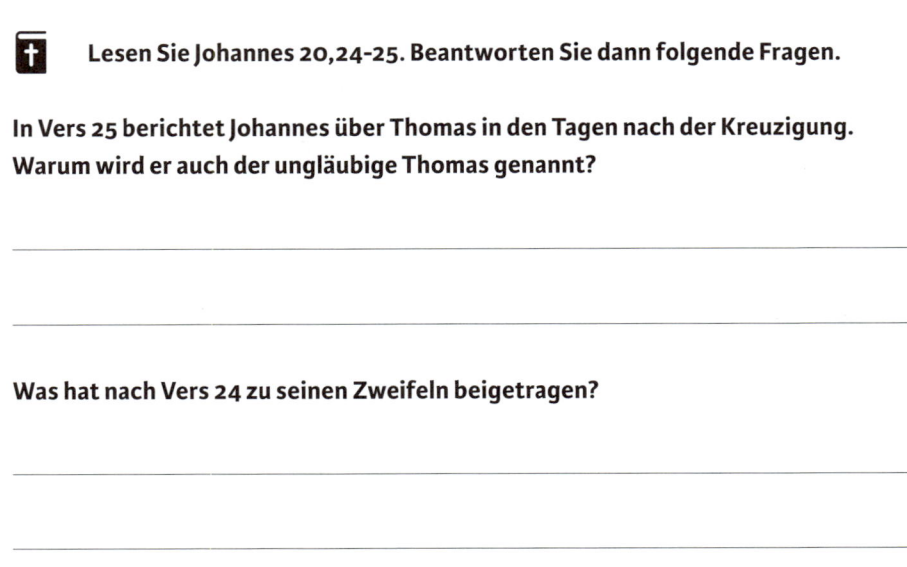

Lesen Sie Johannes 20,24-25. Beantworten Sie dann folgende Fragen.

In Vers 25 berichtet Johannes über Thomas in den Tagen nach der Kreuzigung. Warum wird er auch der ungläubige Thomas genannt?

Was hat nach Vers 24 zu seinen Zweifeln beigetragen?

Wir alle haben schon vom ungläubigen Thomas gehört. In Johannes 20,25 lesen wir die Aussage, die ihm diesen Namen eingebracht hat. Als die anderen Jünger ihm davon erzählten, dass sie den auferstandenen Herrn gesehen hatten, glaubte er ihnen nicht. Warum zweifelte er? Nach Vers 24 rührten die Zweifel daher, dass er im Kreis der Jünger fehlte, als der Auferstandene ihnen erschien. Er hatte sich zurückgezogen, war nicht mit im Obersaal, als der Herr sich zeigte. Es geschieht leicht, dass wir bei uns selbst zweifeln und wir unsere Fragen nicht beantworten können. Das ist ein weiterer Grund dafür, dass wir andere brauchen: Wir brauchen ihre Hilfe in den Zeiten des Kampfes.

Lesen Sie Hebräer 3,13. Schreiben Sie auf, warum wir einander brauchen und was in Vereinzelung passieren kann.

> *„Ermuntert einander jeden Tag, solange es ‚heute‘ heißt, damit niemand von euch verhärtet werde durch Betrug der Sünde!"*
> **Hebräer 3,13**

Vereinzelung beraubt uns nicht nur der Hilfe anderer, sie macht uns auch unbedeutend im Leben anderer. Jeder Tag ist eine Möglichkeit, andere zu ermutigen und von ihnen ermutigt zu werden. Wenn der Tag vorüber ist, ist auch die Chance vertan. Die Konsequenz daraus ist, dass möglicherweise wir oder andere *„verhärtet werde(n) durch Betrug der Sünde"*.

Wenn wir uns von anderen zurückziehen, sind wir nicht da, wenn sie unsere Hilfe brauchen. Und wir können ihre Hilfe auch nicht in Anspruch nehmen. Vielleicht denken Sie: „Ich habe meinen Ehepartner." Es ist wunderbar, wenn Sie so gesegnet sind. Aber diese eine Beziehung kann nicht all Ihren Bedürfnissen begegnen. Sie ist nicht dafür vorgesehen. Und was ist mit den Singles? Gemeinschaft ist mehr als Ihr Ehepartner oder Ihre Familie. Biblische Gemeinschaft umfasst die gesamte Familie Gottes.

Ich folge Gott nach

Warum isolieren wir uns selbst als Christen? Das ist eine wichtige Frage, mit der wir uns in dieser Einheit auseinandersetzen wollen. Manchmal ziehen wir uns zurück, um uns zu schützen. Vielleicht ist Furcht die treibende Motivation – Furcht aus Unsicherheit und schlechten Erfahrungen, die aus unserer Erziehung herrühren. Vielleicht handeln wir im Alleingang, um alten Schmerz zu vermeiden. Oder wir isolieren uns, weil wir uns unwohl und verwundbar in der Gemeinschaft mit Menschen fühlen, die unsere Vergangenheit und Probleme kennen. Manchmal entspringt Isolation daraus, dass wir Konflikte und Konfrontation vermeiden wollen. Manche ziehen sich zurück, um andere zu bestrafen, die sie verletzt haben. Oder wir meiden die Gemeinschaft, weil Sünde zwischen uns steht – konkrete Sünden oder unsere sündige Natur. Sünde verursacht immer Abstand zwischen uns und Gott, zwischen uns und anderen. Von Anfang an, beginnend beim Fall Adams und Evas im Garten Eden (1Mo 3), hat Sünde dazu geführt, dass wir uns voreinander und vor Gott verstecken. Eine andere Ursache für Vereinzelung ist ganz einfach eine Entscheidung unseres Stolzes und unseres Fleisches. Vielleicht wollen wir über unsere Taten keine Rechenschaft geben. Der Stolz flüstert uns die Lüge ein, dass wir keine Hilfe brauchen ... dass wir selbst mit den Dingen zurechtkommen. Hat Ihre eigene Sünde Sie isoliert?

Wahrscheinlich erinnern wir uns alle an das Gleichnis, das Jesus in Lukas 15 lehrt. Wir kennen es als das Gleichnis vom verlorenen Sohn. Der Sohn wollte sein Erbe genießen und nicht noch lange darauf warten. Als der Vater es ihm ausgehändigt hatte, ließ er die Gemeinschaft hinter sich und mit ihr die Verantwortung, Ermutigung und Unterstützung, die für ihn lange selbstverständlich gewesen waren. Als er sein Geld verschwendet hatte, brachen schwere Zeiten an, und er fand sich allein und ungeachtet wieder, wie er die Schweine hütete und weniger zu essen hatte als die Tiere. Er fand erst dann Wiederherstellung und Rettung, als er zu seinem Vater und der Gemeinschaft zurückkehrte, wo man sich um ihn sorgte. Eine der wichtigsten Realitäten in unserem Leben sind die Menschen, mit denen wir leben. Vielleicht ist die größte soziale Krankheit unserer Tage die Einsamkeit. Sie ist eine große Frage in unserer Zeit mit großen Konsequenzen.

Kürzlich stieß ich auf einen Artikel, der in der Tageszeitung *USA Today* im Mai 2018 erschienen war. Der Autor berichtete, dass Einsamkeit und Isolation uns nicht nur traurig machen – sie machen uns buchstäblich krank. Er berief sich auf eine Studie, die von *Cigna*, einer führenden Krankenversicherung in den USA, in Auftrag gegeben worden war. Der Artikel berichtete, dass Einsamkeit tatsächlich dieselbe Wirkung auf die Sterblichkeit hat wie das Rauchen von 15 Zigaretten pro Tag – sie ist sogar gefährlicher als Fettleibigkeit. Der Artikel führte weiter aus, dass ein Gespräch von Angesicht zu Angesicht das beste Gegenmittel sei. Viele verbringen ihre Freizeit heute allein zu Hause. Sie essen allein. Vielleicht sehen sie fern oder machen allein Videospiele. So viele Menschen fühlen sich entfremdet, einsam und

Wenn Technologie menschliche Interaktion von Angesicht zu Angesicht, von Herz zu Herz ersetzt, dann haben wir echte Kommunikation zugunsten einer Fassade verraten. Im Tiefsten unserer Seele beginnt etwas zu leiden.

bedrückt. Das hektische Lebenstempo hat uns so im Griff, dass wir meinen, uns fehle die Zeit für Beziehungen und Aktivitäten in Gemeinschaft. Ich empfinde es als Ironie, dass wir in den Tagen der sozialen Medien weniger sozial sind als jemals zuvor. Soziale Medien erzeugen ein künstliches Gefühl von Allgegenwärtigkeit – sie verbinden uns virtuell mit so vielen anderen Orten, dass die unbeabsichtigte Folge davon sein kann, dass wir uns an unserem realen Ort nicht mehr einbringen. Kurznachrichten, E-Mails, soziale Netzwerke wie Facebook und Instagram sind nicht schlecht in sich. Aber echte, menschliche Interaktion kann nicht durch moderne Technologie ersetzt werden. Sie kann uns als Teil unserer Interaktion mit anderen helfen, über deren Leben informiert zu sein. Aber wenn Technologie menschliche Interaktion von Angesicht zu Angesicht, von Herz zu Herz ersetzt, dann haben wir echte Kommunikation für eine Fassade verraten. Im Tiefsten unserer Seele beginnt etwas zu leiden.

Markieren Sie die Medien, von denen Sie sich Ihre Zeit rauben lassen (nummerieren Sie nach Gewichtung)

☐ Handy
☐ Kurznachrichten
☐ iPad
☐ Internet
☐ E-Mail
☐ Fernsehen
☐ Spiele (Handy, Internet)

Negative	1	2	3	4	5	6	7	Positive
	☐	☐	☐	☐	☐	☐	☐	

Wie viel Zeit etwa verbringen Sie jede Woche mit Technologie? .... Mit zwischenmenschlichen sozialen Interaktionen?

_____

_____

Welche Veränderungen in diesem Bereich scheinen Ihnen nach dieser Wochenlektion berechtigt?

_____

_____

Gott möchte, dass wir Gemeinschaft erleben, und dazu ist Zeit erforderlich. Die Bibel ist in dieser Hinsicht klar: Wenn wir Gottes Gegenwart erleben wollen, müssen wir ihn suchen in seinem Wort, durch die Unterwerfung unter den heiligen Geist und durch Beziehungen zu anderen Menschen.

Nehmen Sie sich Zeit, um über Apostelgeschichte 2,42-47 nachzudenken.

Welche Priorität gab die Gemeinde im ersten Jahrhundert der christlichen Gemeinschaft?

_____

_____

_____

Wie sah das praktisch aus?

_____

_____

_____

Was war die Folge ihrer Betonung von Gemeinschaft?

_____

_____

_____

> *„Täglich verharrten sie einmütig im Tempel und brachen zu Hause das Brot, nahmen Speise mit Jubel und Schlichtheit des Herzens.“*
> **Apostelgeschichte 2,46**

In Apostelgeschichte 2,42 lesen wir, dass für die Gemeinde des ersten Jahrhunderts nur das Wort Gottes eine höhere Priorität als die Gemeinschaft hatte. In Vers 44 heißt es: *„Alle Gläubigen aber waren beisammen.“* Man muss sich davor in Acht nehmen, zu viel in diese Aussage hineinzulesen, aber ein Ergebnis ihrer göttlichen Prioritäten war offensichtlich, dass sie zusammensein wollten. Sie lebten zusammen. Wir sehen in diesem Abschnitt, dass zu ihren Gemeindeaktivitäten große Gruppentreffen gehörten (V. 46: *„Täglich verharrten sie einmütig im Tempel“*), aber auch das Zusammensein kleiner Gruppen (*„und brachen zu Hause das Brot, nahmen Speise mit Jubel und Schlichtheit des Herzens“*). Ein Ergebnis davon war Einheit (*einmütig*), und es wurden Menschen errettet (V. 47: *„Der Herr aber tat täglich hinzu“*). Nichts unterscheidet die Gemeinde so sehr von der Welt wie authentische Gemeinschaft.

Öfter als Sie meinen, spüren Sie Gottes Liebe und Gegenwart durch Menschen, in denen Gott lebt – durch Menschen, die Gott lieben. Er zeigt sich normalerweise nicht auf eine sichtbare oder mystische Weise. Er zeigt sich in einem Freund – einem Bruder oder einer Schwester in Christus. Die Bibel sagt deutlich, dass wir der Leib Christi sind, die Familie Gottes.

Was können Sie gegen Vereinzelung tun? Sie brauchen nicht als *Lone Ranger* durchs Leben zu gehen. Wir sollten eher *Power Ranger* sein und alles als Teil eines Teams von Menschen machen, die wir unterstützen.

Fangen Sie ein paar neue Gewohnheiten an! Gehen Sie betend die folgende Liste durch und markieren Sie jeden Punkt, den Sie persönlich umsetzen möchten.

❑ Schließen Sie sich einem Hauskreis in Ihrem Ort an.
❑ Starten Sie zu Hause einen Bibelkreis.
❑ Laden Sie jemanden zum Mittag- oder Abendessen ein. Auch wenn Sie sehr beschäftigt sind, essen Sie sowieso und können diese Zeit doppelt nutzen.
❑ Melden Sie sich für ein neues Projekt, und arbeiten Sie in einem Team mit anderen. So entsteht Gemeinschaft.
❑ Machen Sie Ihr Hobby gemeinsam mit anderen Christen (Sport, Basteln …). Lassen Sie dabei aber den geistlichen Aspekt nicht aus. Lassen Sie jedem Zeit, über das zu reden, was ihn gerade beschäftigt. Beten Sie miteinander.

Das meiste von dem, was wir aktuell tun, können wir gemeinsam mit anderen machen, ohne zusätzliche Zeit in unserem vollen Terminkalender zu belegen. Es erfordert lediglich, dass wir Gemeinschaft zu unserer Priorität machen. Wenn Sie diese Wochenlektion beenden, schreiben Sie in einem Gebet Ihre Gedanken zum Thema *Gemeinschaft* auf.

Lektion 2

Einander lieben

Wir leben in einer Welt der Vorschriften – Regeln, was wir tun und lassen sollen. Auf den ersten Blick scheint auch der Glaube eine Sammlung von Regeln bereitzuhalten. Gott gab Mose doch auch die Zehn Gebote nach den vierzig Tagen auf dem Sinai, oder? Es stimmt, diese Zehn Gebote waren in Stein geschrieben, und Israel nahm sie mit, wohin immer sie gingen. Rabbiner und Theologen verfeinerten und definierten diese Gebote über die Jahre neu. Was als Zehn Gebote begann, wurde bis zur Zeit Jesu zu einem Kodex mit 613 Regeln erweitert.

Der Glaube war so kompliziert und verwirrend geworden, dass nur Profis ihn leben konnten. Gottes Leitlinien für das Leben waren jetzt eine schwere Bürde. Wenn das die Art war, wie der Glaube gelebt werden sollte, hätte Jesus den Pharisäern wohl Beifall gespendet. Aber statt sie zu beglückwünschen, verurteilte Jesus sie als Heuchler. In Matthäus 15,7-9 sagte er: *„Vergeblich aber verehren sie mich"* (V. 9), weil sie ihre eigenen Gedanken zu Geboten entwickelt hatten. Sie waren so geübt darin, Regeln einzuhalten, dass sie es nicht merkten, wie sie sich selbst immer mehr von Gott entfernten. Sie vergaßen, dass das letzte Ziel jedes Gebotes die Gemeinschaft ist. Wir bekennen Götzendienst oder die Verunehrung von Gottes Namen als Sünde, weil es unsere Beziehung zu Gott stört. Wir bekennen Diebstahl und Ehebruch als Sünde, weil es die Beziehung zu unserem Nächsten stört.

Eines Tages stellte ein Gesetzeslehrer, ein Fachmann im Gesetz des Mose, Jesus eine Frage. Er war ein Gesetzestreuer, ein theologischer Erbsenzähler. Höchstwahrscheinlich hatte er für sich schon entschieden, welches Gebot das höchste ist, und wollte nur wissen, ob Jesus ihm zustimmte. Jesus antwortete ihm, indem er 5. Mose 6,9 zitierte: *„Du sollst den Herrn, deinen Gott, lieben mit deinem ganzen Herzen und mit deiner ganzen Seele und mit deinem ganzen Verstand"* (Mt 22,37). Er gab nicht nur eine verbindliche Antwort und nannte es *„das größte und erste Gebot"*. Ungefragt nannte er auch die Nummer zwei auf der Rangliste der Gebote. Er verwies auf 3. Mose 19,18 und zitierte: *„Du sollst deinen Nächsten lieben wie dich selbst"* (Mt 22,29). Jesus machte deutlich, dass jede andere Anweisung in Gottes Wort uns dazu befähigen soll, diese zwei Beziehungsgebote zu leben. Deren Wert erkennen wir in den Zehn Geboten: Die ersten vier behandeln unsere Beziehung zu Gott, die letzten sechs unsere Beziehung zu anderen Menschen.

> *„Du sollst deinen Nächsten lieben wie dich selbst."*
> **Matthäus 22,39**

Einander lieben

1. Tag

Liebe, die letzte Rechtfertigung

Lisa litt an einer seltenen und ernsthaften Krankheit. Ihre einzige Hoffnung bestand in einer Bluttransfusion von ihrem fünfjährigen Bruder, der dieselbe Krankheit wie durch ein Wunder überlebt hatte. Sein Blut enthielt die Antikörper, die Lisa brauchte, um die Krankheit zu besiegen. Der Arzt erklärte dem Fünfjährigen die Situation und fragte ihn, ob er zu einer Blutspende für seine Schwester bereit sei. Einen kurzen Moment zögerte er und sagte dann: „Ja. Wenn es Lisa rettet, mache ich es." Er lag im Bett neben ihr, als die Transfusion lief, und er sah, dass sich ihre Wangen von dem neuen Blut leicht röteten. Da wurde er plötzlich blass und das Lächeln wich aus dem Gesicht. Er sah zum Arzt auf und fragte mit zitternder Stimme: „Fange ich jetzt an zu sterben?" Der Junge hatte den Arzt missverstanden und gedacht, sein gesamtes Blut spenden zu müssen. Er war bereit gewesen, sein Leben zum Wohl seiner Schwester zu geben.[1] Diese Art von Liebe, die das Wohl des Anderen an die erste Stelle setzt, bedeutet einander zu lieben, wie Christus uns geliebt hat. Das ist aufrichtige Liebe. Brennende Liebe.

✝ **Lesen Sie Johannes 13,34. Beantworten Sie dann die folgenden Fragen.**

Was meint Jesus, wenn er von einem neuen Gebot spricht?

_____

_____

_____

„Ein neues Gebot gebe ich euch, dass ihr einander liebt, damit, wie ich euch geliebt habe, auch ihr einander liebt."

Johannes 13,34

In welchem Zusammenhang spricht Jesus diese Worte? Welches Gewicht gibt das diesem Gebot?

_____

_____

_____

✝ **Lesen Sie Johannes 15,12 und 17 sowie Kapitel 17,26. Inwiefern beleuchten diese Verse Jesu Gebot?**

_____

_____

---

1 Canfield, Jack und Mark Victor Hansen: Chicken Soup for the Soul. Deerfield Beach, FL: Health Communications, 1993, S. 27-28.

Mit Blick auf die falsche Perspektive, die im Judentum entstanden war, fügte Jesus ein neues Gebot zu den zehn vom Sinai hinzu, die seine Jünger bisher gelehrt worden waren. Jesus trägt uns auf, den anderen mit derselben hingegebenen und bedingungslosen Liebe zu lieben, die er uns zeigt. Zu Beginn der Abschiedsrede sprach Jesus über das neue Gebot. Er wusste, dass dies sein letztes Gespräch mit den Jüngern vor der Kreuzigung sein würde. Das gab seinen Worten ein besonderes Gewicht. Noch bevor dieser Abend zu Ende war, wiederholte er es zweimal: *„Dies ist mein Gebot, dass ihr einander liebt, wie ich euch geliebt habe"* (Joh 15,12). Ich denke, er wollte sichergehen, dass sie es verstanden haben. Er betete in Gethsemane, dass alle Gläubigen einander lieben (Joh 17,26).

 Lesen Sie Johannes 13,35. Was fällt Ihnen an diesem Vers auf? Was steckt noch in dieser Aussage?

Es wird hier jedem klar: Wir folgen Christus nicht nach, indem wir *ihm* Liebe zeigen, sondern indem wir Liebe untereinander haben. Der große christliche Philosoph Francis Schaeffer nannte die Liebe „die letzte Rechtfertigung" – den höchsten Beweis unseres Glaubens. Wenn wir in unserem Leben echte, bedingungslose Liebe zeigen, kann die ungläubige Welt erkennen, welchen Unterschied Jesusnachfolge macht.

Das Wort *Liebe* wird auf vielfache Weise verwendet. Wir lieben Apfelkuchen, Fußball, Tennis, Mama und Gott. Wir gebrauchen dasselbe Wort – Liebe –, um unser Gefühl gegenüber einer Sache oder Person auszudrücken. Aber Liebe ist so viel mehr als dieses eine Wort; und sie ist allemal mehr als ein Gefühl, das man in diesen Momenten hat. Was bedeutet es, einander zu lieben? Wir wissen, dass dieses Thema für Jesus sehr wichtig war, weil er es als *neues Gebot* gab. Es war nicht in dem Sinne neu, dass es zuvor noch nie gelehrt worden wäre – in 3. Mose ist uns ja schon die Nächstenliebe aufgetragen. Aber das neue Gebot sollte an einem anderen Maßstab gemessen und in einer neuen Kraft getan werden: Maßstab war Jesu Liebe zu uns und es sollte in der Kraft des Heiligen Geistes getan werden, der in den Herzen der Gläubigen wohnt. Wir wissen, dass dieses Gebot dem Vater wichtig ist, denn seine Kinder sind *„selbst von Gott gelehrt"* (1Thes 4,9).

Einander zu lieben bedeutet, echt sein, selbstlos geben, die zweite Meile mit jemandem oder für jemanden gehen. Es bedeutet, auf die Kraft des Heiligen Geistes zu vertrauen – nicht auf unsere Gefühle. Es ist eine Entscheidung – manchmal fühlt es sich gut an, manchmal nicht. Manchmal ist es hart und erfordert viel Energie, aber wir gehen weiter, weil wir das Richtige tun.

Der große christliche Philosoph Francis Schaeffer nannte die Liebe „die letzte Rechtfertigung" – den höchsten Beweis unseres Glaubens.

Einander lieben

2. Tag

Die Schuld der Liebe

Wie viele Schulden haben Sie? Wenig? Viel? Gar keine? Die amerikanische Verschuldung erreichte im Jahr 1994 eine Billion Dollar (Hypotheken und Autodarlehen nicht eingerechnet). Seitdem hat sie sich mehr als verdoppelt. Der Durchschnittshaushalt hat etwa $ 12000 Schulden.[2] Unterm Strich bedeutet das, dass wir viel schulden. Ist das falsch? Manche verstehen die Aussage des Paulus in Römer 13,8 – *„Seid niemand irgendetwas schuldig, als nur einander zu lieben!"* – so, dass ein Christ unter keinen Umständen Schulden machen dürfe. Da das Wort *schuldig* hier in der Zeitform der Gegenwart verwendet wird, bedeutet es: Wir sollen niemandem etwas schuldig bleiben. Oder mit anderen Worten: Wenn wir eine Schuld haben, sollen wir sie begleichen. Die Differenz soll reduziert werden. Aber hier geht es im Grunde nicht um Finanzen. Hier geht es um *Liebe*.

 Lesen Sie Römer 13,8. Wie kann man diesen Vers auf Gläubige anwenden?

_____

_____

Zählen Sie Liebe zu Ihren Schulden? Paulus sagt, dass es die einzige Schuld ist, die mit keiner Rückzahlung weniger wird. Liebe ist eine dauerhafte Schuld. Paulus spricht hier in einer Deutlichkeit, die wir nicht überhören dürfen. Wenn er von Liebe spricht, dann spricht er nicht einfach davon, welche Gefühle wir für andere haben. Er verwendet das Wort Liebe in diesem Vers zweimal als Verb – nicht als Nomen. Mit anderen Worten: Liebe haben wir nicht, sondern tun wir.

Worauf will Jesus in Lukas 6,32 hinaus? Wie sollen wir lieben?

_____

_____

Manche meinen, dass wir etwas Wertvolles und Lobenswertes tun, wenn wir anderen Liebe zeigen. Wir haben uns ein Schulterklopfen verdient, und wenn unsere Tat besonders mildtätig war, wird ein Pokal in Auftrag gegeben. „So nicht", sagt Paulus. Wenn wir Liebe zeigen, haben wir nichts Außergewöhnliches getan. Wir haben bloß eine Rückzahlung unserer Schulden geleistet. Die Pharisäer lehrten, wir sollten unseren Nächsten lieben und unseren Feind hassen. Jesus forderte diesen Gedanken heraus: *„Und wenn ihr liebt, die euch lieben, was für einen Dank habt ihr? Denn auch die Sünder lieben, die sie lieben"* (Lk 6,32). Gott möchte, dass die Seinen eine Gemeinschaft sind, die an der Liebe erkannt wird – eine Verpflichtung zur Liebe aufgrund einer Entscheidung, nicht aufgrund eines Gefühls.

„Die Liebe ist langmütig, die Liebe ist gütig, sie neidet nicht, die Liebe tut nicht groß, sie bläht sich nicht auf, sie benimmt sich nicht unanständig, sie sucht nicht das Ihre, sie lässt sich nicht erbittern, sie rechnet Böses nicht zu, sie freut sich nicht über die Ungerechtigkeit, sondern sie freut sich mit der Wahrheit, sie erträgt alles, sie glaubt alles, sie hofft alles, sie erduldet alles. Die Liebe vergeht niemals."

1. Korinther 13,4-8a

2   http://www.creditcards.com/credit-card-industry-facts-and-personal-debt-statistics.php

Was sagt das Beispiel von Gott, dem Vater, in Lukas 6,35 darüber, wie wir lieben sollen?

_____

_____

Wir applaudieren uns selbst für unsere Taten der Liebe, weil wir uns miteinander vergleichen. Niemand von uns liebt beständig, so wie Gott es tut.

Die Quelle der Liebe

Einander lieben
3. Tag

Ein Freund war in einer unglücklichen Lage. Seine Ehe drohte, in die Brüche zu gehen. Als allerletzte Hoffnung stimmte er einer Eheberatung zu. Der Seelsorger fragte: „Lieben Sie Ihre Frau?" – „Wie bitte?", entgegnete er empört. „Natürlich liebe ich meine Frau!" Daraufhin las der Seelsorger die Ausführungen des Paulus zur Liebe aus 1. Korinther 13 vor: _„Die Liebe ist langmütig, die Liebe ist gütig, sie neidet nicht, die Liebe tut nicht groß, sie bläht sich nicht auf, sie benimmt sich nicht unanständig, sie sucht nicht das Ihre, sie lässt sich nicht erbittern, sie rechnet Böses nicht zu, sie freut sich nicht über die Ungerechtigkeit; sondern sie freut sich mit der Wahrheit, sie erträgt alles, sie glaubt alles, sie hofft alles, sie erduldet alles. Die Liebe vergeht niemals."_ – „Lieben Sie Ihre Frau?", fragte der Seelsorger wieder. Mein Freund ließ den Kopf hängen und antwortete ehrlich: „Nein." Das war eine bittere Pille zu schlucken. Aber die Wahrheit half ihm einzusehen, dass er seine Frau weder in seiner Einstellung noch durch seine Taten wirklich liebte. Das war ein Schritt in die richtige Richtung. Aber noch viel wichtiger war seine Einsicht, dass er Gott nicht kannte. Verstehen Sie: Wir können andere nicht auf die Weise lieben, wie es Gott gefällt, wenn wir nicht zuvor seine Liebe zu uns erlebt haben: _„Die Frucht des Geistes aber ist: Liebe"_ (Gal 5,22). Gott befähigt uns, unsere Liebesschuld zu bezahlen.

✝ **Lesen Sie 1. Johannes 4,7. Was lehrt Sie dieser Vers?**

_____

_____

Wir sollen einander lieben. Das wissen wir. Aber woher kommt diese Liebe? Müssen wir die Zähne zusammenbeißen und versuchen, sie zu _machen_? Aus den Worten des Johannes geht klar hervor, dass wir _„aus Gott geboren"_ sein müssen. Wenn wir nicht von Neuem geboren sind, sind wir unfähig, andere mit dieser Liebe zu lieben. Aber Johannes hört hier nicht auf. Er nennt als weiteres befähigendes Kriterium: Gott kennen.

Auch wenn beides als synonym erscheinen könnte, trennt der Text es hier. Das Wort *geboren* steht im griechischen Text im Perfekt; es ist also eine abgeschlossene Handlung. Das Wort *kennen* steht in der Gegenwart und zeigt eine andauernde Handlung an. Wir müssen Christ sein, um zu lieben wie Gott. Wir müssen aber auch wachsen.

Wenn wir nicht von Neuem geboren sind, sind wir unfähig, andere mit dieser Liebe zu lieben.

Was sagt 1. Johannes 4,8 und 19 über die Quelle der christlichen Liebe?

Wir lernen Gott kennen, indem wir Zeit mit ihm verbringen, seinem Wort gehorsam sind und die Sünden bekennen, die er uns zeigt. Je länger wir dieser Beziehung nachgehen, desto ähnlicher werden wir ihm – dem Einen, der liebt. Johannes setzt in Vers 8 den Gedanken aus Vers 7 fort und schreibt: *„Wer nicht liebt, hat Gott nicht erkannt, denn Gott ist Liebe."* Wenn wir einander wirklich lieben wollen, müssen wir Zeit mit Gott verbringen, der Liebe ist.

✝ **Lesen Sie 1. Johannes 4,9-11 und beantworten Sie folgende Fragen.**

Wie äußert sich Gottes Liebe nach Vers 9?

Wie ergänzt Vers 10 unser Verständnis von Gottes Liebe?

Der natürliche Weg, andere zu lieben, ist die bedingte Liebe – „Ich liebe dich, weil ..." oder „Ich liebe dich, wenn ...". Wenn wir als Christen nur bedingt lieben, unterscheiden wir uns nicht von der Welt.

Wie sollten wir laut Vers 11 auf Gottes Liebe antworten?

Wie sieht diese Art Liebe aus? Gott liebte uns, indem er sich selbst aufopfernd gab, um unsere Bedürfnisse zu erfüllen. Das ist mehr als ein Beispiel, dem wir nachfolgen sollen. Das ist eine Befähigung. Gott ergriff die Initiative. Er liebte uns zuerst. Er zeigte uns Gnade. Er liebte uns nicht, weil wir es verdient hätten. Er liebte uns nicht wegen irgendeiner unserer Taten. Er entschied einfach, uns zu lieben. Deswegen sollen wir einander lieben, aber nicht auf eine natürliche, bloß menschliche Weise. Der natürliche Weg, andere zu lieben, ist die bedingte Liebe – „Ich liebe dich, weil ..." oder „Ich liebe dich, wenn ...". Wenn wir als Christen nur bedingt lieben, unterscheiden wir uns nicht von der Welt. Gott möchte, dass wir andere um seinetwillen lieben, nicht um ihretwillen. Wir sollen bedingungslos lieben.

Diese Liebe war Johannes so wichtig, weil er davon ergriffen war. In seinem Evangelium bezeichnet er sich wiederholt als den „Jünger, den Jesus liebte" (Joh 13,23; 19,26; 20,2; 21,7; 21,20). Er gebraucht das Wort Liebe oder lieben etwa 80-mal in seinem Evangelium und seinen Briefen. Die Liebe beschäftigte ihn so, weil dieser frühere Sohn „des Donners" (Mk 3,17) erlebt hatte, dass er von Gott geliebt ist. Wir müssen aus Gottes Liebe schöpfen, um andere lieben zu können, wie wir es sollen. Wenn wir das tun, dann helfen wir dabei, dass andere zum Lieben befähigt werden. Obwohl niemand Gott gesehen hat, können die Menschen ihn in uns sehen, wenn wir einander lieben (vgl. 1Jo 4,12).

Lieben, indem wir andere an die erste Stelle setzen

Einander lieben
4. Tag

Irak, 4. Dezember 2006. Der Obergefreite Ross McGinnis war im Nordosten von Bagdad auf einer Kampfpatrouille unterwegs und gab mit seinem Maschinengewehr auf einem der Geländewagen seinen Kameraden Feuerschutz. Als sie beschossen wurden, fiel eine feindliche Splittergranate durch die Schützenöffnung im Dach ins Innere des Fahrzeugs, wo seine vier Kameraden saßen. Was nun folgte, war ein Akt von Selbsthingabe. Der 19-Jährige McGinnis warf sich rückwärts auf die Granate und fing die Detonation mit seinem Körper ab. Er war sofort tot. Die anderen überlebten schwerverletzt.[3] Er gab sein Leben buchstäblich für seine Freunde hin.

Das Beispiel von Ross McGinnis weist weit über diesen höchsten Akt der Selbsthingabe hinaus. Die Eltern sagten nach seinem Tod: „Ross wurde nicht erst unser Held, als er starb, um seine Kameraden vor einer Granate zu retten. Er war schon ein Held für uns, lange bevor er starb. ... Das Leben von vier Männern, die seine Brüder in der Armee waren, überwog den Wert seines einzelnen Lebens. Das war eine einfache Grundschulrechnung. Vier sind mehr als einer. Es bedeutete ihm nichts, dass er ohne einen Kratzer hätte entkommen können (er hätte schnell durch die Schützenöffnung aus dem Fahrzeug aussteigen können. Anm. d. dt. Verlags). Diese Reaktion wäre als Reflex völlig normal gewesen. Aber in diesem Augenblick zählten für ihn die vier Männer im Inneren des Fahrzeugs. In dem einen Moment war er verantwortlich, das Ende des Konvois vor feindlichem Feuer zu sichern. Im nächsten Moment lag das Leben von vier Freunden in seiner Hand."[4] Sein Leben war dadurch

3 http://www.washingtonpost.com/wp-dyn/content/article/2007/01/01/AR2007010100759.html
4 http://www.washingtonpost.com/wp-dyn/content/article/2007/01/01/AR2007010100760.html

geprägt, dass er Wohl und Sicherheit anderer zuerst suchte. Es war so sehr sein Lebensstil, sich selbst für andere zu geben, dass diese Entscheidung zu seinem natürlichen Reflex geworden war. Wäre er gewohnt gewesen, selbstsüchtig zu leben, hätte er anders reagiert.

Wie sieht es nach Johannes 15,12-13 aus, wenn wir einander lieben, wie er uns geliebt hat?

So schwierig es für jeden von uns wäre, in einem Moment die große Entscheidung zu treffen, unser Leben zur Rettung anderer zu geben, so schwierig scheint es uns oft, in den täglichen kleinen Entscheidungen andere uns voranzustellen.

Jesus erklärt, dass der größte Liebesakt die Hingabe des eigenen Lebens für andere ist. Eine solch große Entscheidung in einem Moment zu treffen, dass wir unser Leben zur Rettung anderer geben, erscheint uns so unglaublich schwer. Seien wir ehrlich: Wie schwer fallen uns oft schon die täglichen kleinen Entscheidungen, wenn es darum geht, den anderen uns selbst voranzustellen! Diese Entscheidungen sind nicht dramatisch oder lebensentscheidend. Aber wenn wir uns selbst verleugnen, formt das unseren Charakter. Jesus trug uns auf, einander zu lieben. In demselben Zusammenhang sagte er: *„Ihr habt nicht mich erwählt, sondern ich habe euch erwählt und euch dazu bestimmt, dass ihr hingeht und Frucht bringt und eure Frucht bleibe, damit, was ihr den Vater bitten werdet in meinem Namen, er euch gebe"* (Joh 15,16). Welche Art von Frucht möchte Christus in unserem Leben sehen? *„Dies gebiete ich euch, dass ihr einander liebt!"* (Joh 15,17).

✝ **Lesen Sie Philipper 2,3-4. Beantworten Sie dann die folgenden Fragen.**

Machen Sie sich die Umstände bewusst, in denen Paulus steckte, als er diesen Brief schrieb – er war zu Unrecht in Rom inhaftiert. Inwiefern ist seine Haltung anders, als man es erwartet hätte?

Schreiben Sie wichtige Begriffe auf, die Paulus hier verwendet. Überlegen Sie, was das Gegenteil dieser Ermahnungen von Paulus wäre.

Als Paulus Philipper 2 schrieb, hätte er viele Gelegenheiten gehabt, eine negative Haltung zu entwickeln. Er war in Rom inhaftiert wegen der falschen Anklagen seiner Gegner, dennoch war seine Haltung untadelig – er beschwerte sich nicht. Der

Herr war bei ihm in der Zelle, und er diente den Soldaten sowie den vielen, vielen Besuchern, die zu ihm kamen, um ihn zu sehen und sein Lehren über Jesus und das Reich Gottes zu hören (Apg 28,30-31). Er lebte das, was er im Brief an die Römer geschrieben hatte: *„In der Bruderliebe seid herzlich zueinander, in Ehrerbietung einer dem anderen vorangehend"* (Röm 12,10).

Welchen Standard nennt Paulus in Philipper 2,5 für unser Verhalten, an dem wir uns orientieren sollen?

„Habt diese Gesinnung in euch, die auch in Christus Jesus war."
Philipper 2,5

Wenn Christus unser Leben ist – wie er es für Paulus war (Phil 1,21) –, und wenn wir in Hingabe an ihn leben, dann werden wir dieselbe Ermunterung und Liebe sowie die Gemeinschaft des Geistes erleben, die Paulus in Philipper 2,1 erwähnt. Das sind die Grundlagen für eine richtige Beziehung zu anderen, über die er ab Vers 2 spricht – die Gemeinschaft, die durch *„dieselbe Gesinnung"*, durch *„dieselbe Liebe"*, durch *„einmütig, eines Sinnes"* sein (jeder hat dasselbe Ziel) gekennzeichnet ist. Das ist auch die Grundlage einer richtigen Haltung zueinander – die Verse 3 und 4. Wenn Christus unser Leben ist, sind Menschen kein Problem. Sie sind dann unsere Möglichkeit, Demut, aufrichtige Liebe und ein dienendes Herz zu zeigen, das ihre Nöte im Blick hat. Im Weiteren redet Paulus über zwei Männer, die diese Haltung zeigten. Außer in Christus sehen wir sie in Timotheus und Epaphroditus.

Ich folge Gott nach

Einander lieben
5. Tag

In seinem ersten Brief schreibt der Apostel Petrus, dass die ungeheuchelte Bruderliebe eine Folge ist, wenn wir unsere *„Seelen durch den Gehorsam gegen die Wahrheit … gereinigt"* haben (1Petr 1,22). Das Wort *ungeheuchelt* beschreibt eine Liebe, die keine zwei Gesichter hat. Bricht es einem nicht das Herz, wenn jemand zwei Gesichter hat? Paulus ermahnt uns in Römer 12,9: *„Die Liebe sei ungeheuchelt!"* Wahre Liebe ist immer aufrichtig, ohne gemischte Motive. Petrus sagt, dass unsere Liebe *anhaltend* sein soll (V. 22). Eine solche Liebe geschieht nicht zufällig und ist nicht bloß von Gefühlen getrieben, sondern sie ist absichtlich. Der Grundgedanke ist, dass sich jemand danach ausstreckt, mit aller Kraft wie ein Läufer die Ziellinie des Rennens zu erreichen. Die klare Botschaft von Petrus lautet hier: Wir lieben die Brüder nicht, wenn es sich gerade ergibt; wir müssen es uns vornehmen, sie zu lieben. Dieser Gedanke von Zielgerichtetheit klingt auch beim Schreiber des Hebräerbriefes an: *„Lasst uns aufeinander achthaben, um uns zur Liebe und zu guten Werken anzureizen"* (10,24). Wir sollten nicht nur einander lieben, sondern nach

Wegen suchen, uns zu gegenseitiger Liebe zu motivieren. Petrus sieht diese Botschaft der anhaltenden Liebe als so wichtig an, dass er die Ermahnung wiederholt: *„Vor allen Dingen aber habt untereinander eine anhaltende Liebe! Denn die Liebe bedeckt eine Menge von Sünden"* (1Petr 4,8). Wenn wir uns bemühen, andere zu lieben, wird über unsere eigenen Fehler eher hinweggesehen.

Wie würden Sie aus Ihrer Erfahrung die gegenseitige Liebe der Nachfolger Jesu einschätzen? Lieben sie einander, wie Christus geliebt hat? Begründen Sie.

Was würden andere über Christus und Ihren Glauben erfahren, wenn man Ihre Haltung gegenüber anderen Christen beobachten würde?

> *„Vor allen Dingen aber habt untereinander eine anhaltende Liebe! Denn die Liebe bedeckt eine Menge von Sünden."*
>
> **1. Petrus 4,8**

Wir haben gesehen, dass Christus regelmäßig dazu aufgefordert hat, einander zu lieben. Paulus wiederholt diese Aufforderung immer wieder in den Briefen – *„Alles bei euch geschehe in Liebe!"* (1Kor 16,14), und *„Zu diesem allen aber zieht die Liebe an"* (Kol 3,14). Wir haben bei Johannes – dem Jünger, den Jesus liebte – die vielfachen Ermahnungen zur Liebe gesehen. Hier sehen wir, wie Petrus uns dazu aufruft, einander anhaltend zu lieben. Warum diese besondere Sorge darum? Die Ermahnung von 1. Petrus 4,8: *„Vor allen Dingen aber habt untereinander eine anhaltende Liebe!"*, folgt auf die Erinnerung daran, dass *„nahe gekommen (ist) das Ende aller Dinge"* (V. 7). Denken Sie über die folgenden Verse nach, die über die Endzeit sprechen. Jesus sagt: *„…. und weil die Gesetzlosigkeit überhandnimmt, wird die Liebe der meisten erkalten"* (Mt 24,12). Und Paulus warnt: *„denn die Menschen werden selbstsüchtig sein, geldliebend, … mehr das Vergnügen liebend als Gott"* (2Tim 3,2a.4b). Die Welt ist ein sehr selbstsüchtiger Ort geworden. Leider, so schreibt Paulus im folgenden Vers, handelt es sich hier nicht um Menschen außerhalb der Gemeinde. Aber diese Menschen sind keine wahren Christen, sondern haben bloß *„eine Form der Gottseligkeit"* (V. 5). Je mehr die Wiederkunft Christi naht, desto *mehr* brauchen wir anhaltende Liebe zueinander.

Welche Sicht hatten Sie von der Liebe, bevor Sie diese Lektion bearbeitet haben? Eher als gute Tat oder als Schuld, die man bezahlen muss? Tragen Sie auf der Skala unten ein Kreuz für Ihre Position vor dem Bearbeiten dieser Lektion ein. Und machen Sie einen Kreis, wo Sie sich jetzt einordnen.

Liebe ist eine gute Tat   1   2   3   4   5   6   7   Liebe ist eine Schuld

Greifen Sie auf Gottes Liebe zurück, um andere mit der geschuldeten Liebe zu lieben?

Betrachten Sie Liebe als eine gute Tat oder als eine Schuld, die zu zahlen ist?

Wir können aus der Liebe Gottes schöpfen, indem wir Zeit mit ihm verbringen. Worüber sollten wir mit Gott sprechen, wenn wir beten? Ich habe das Akrostichon ACTS immer als sehr hilfreich fürs Gebet empfunden. Hierbei stehen die Buchstaben A-C-T-S für Anbetung (engl. A*doration*), Bekenntnis (engl. C*onfession*), Danksagung (engl. T*hanksgiving*) und Bitte (engl. S*upplication*). Zu allen vier Gebetsarten fordert uns die Heilige Schrift auf; und ich denke, diese Reihenfolge ist wichtig. Indem wir mit Anbetung beginnen, richten wir unsere Augen auf Gott statt auf uns selbst. Aus diesem Schauen auf Gott sollte ganz natürlich das Bekenntnis entspringen. Wenn unsere Augen auf ihn gerichtet sind, werden wir feinfühlig für das, was zwischen uns und ihm steht. Der Dank sollte vor unseren Bitten kommen. Wir sollten uns der Dinge bewusst werden, die Gott schon für uns getan hat, bevor wir ihn um sein Wirken bitten. Ich empfehle dieses Schema als Hilfe für das Gespräch mit Gott.

Schreiben Sie zum Ende dieser Lektion ein eigenes Gebet auf. Bringen Sie darin zum Ausdruck, was Sie diese Woche gelernt haben.

Einander dienen

Es war das Jahr 1940. Die französische Armee war gerade unter Hitlers Blitzkrieg zerschlagen worden. Zuvor hatte es schon Niederländer und Belgier getroffen. Die britische Armee, die in Frankreich eingeschlossen war, konnte sich befreien und sich in eine kleine Fischerstadt an der Küste zurückziehen – den französischen Kanalhafen Dünkirchen. Hinter ihnen lag die Wehrmacht des Dritten Reiches und vor ihnen das offene Meer. Churchills Biograf William Manchester beschrieb die Lage mit folgenden Worten: „Es war Englands größte Krise seit der normannischen Eroberung." Da die Vereinigten Staaten Deutschland noch nicht den Krieg erklärt hatten, war England gezwungen, sein Heimatland ohne fremde Hilfe zu verteidigen. Da allerdings mehr als 300.000 seiner besten jungen Männer auf der anderen Seite des englischen Kanals zum Sterben verurteilt waren und festsaßen, waren die Aussichten schlecht. Die Truppen Hitlers waren nur noch wenige Kilometer von Dünkirchen entfernt. Angesichts der verbleibenden Zeit schien jeglicher Rettungsversuch vergeblich und zwecklos. Britische Befehlshaber erzählten König George VI, dass man mit viel Glück 17.000 Mann retten könne – weniger als zehn Prozent der Soldaten. Das britische Unterhaus war gewarnt, sich auf „harte und schlechte Nachrichten" einzustellen. Die Politiker waren wie gelähmt, der König machtlos, und die Amerikaner konnten nur aus der Ferne zusehen. Als der Untergang der britischen Armee unabwendbar schien, tauchte am Horizont des englischen Kanals eine ungewöhnliche Flotte auf: Es war möglicherweise die seltsamste Zusammenstellung von Booten, die es in der Geschichte je gegeben hatte: Trawler und Schlepper, Lastkähne und Slupen, Rettungsboote und Vergnügungsdampfer, Schmackschiffe und Küstenmotorschiffe, Segelboote und so ziemlich jede andere Schiffsart, die im Entferntesten seetüchtig war, kam zur Hilfe. Freiwillige Zivilisten bemannten jedes Schiff – englische Väter machten sich auf, um Britanniens erschöpfte und blutende Söhne zu retten. Im ersten Band seiner epischen Biografie über Winston Churchill, *The Last Lion*, schreibt Manchester: Was 1940 in weniger als 24 Stunden geschah, erscheint auch heute noch wie ein Wunder – nicht nur alle britischen Soldaten, sondern auch zahlreiche andere alliierte Truppen wurden gerettet. Mehr als 338.000 Soldaten wurden an diesem Tag über den Kanal gebracht. Diese Soldaten lebten, um an einem anderen Tag zu kämpfen, und sie waren maßgeblich am letztendlichen Sieg der Alliierten beteiligt.[1]

Heute übt die überwiegende Mehrheit der Christen keinen persönlichen Dienst aus; und die meisten wissen nicht einmal, was ihre geistlichen Gaben sind.

---

1 Aus der Einleitung zu: Manchester, William. Last Lion: Winston Spencer Churchill: Visions of Glory 1847-1932. Boston: Little, Brown and, 1983.

Es gibt eine bemerkenswerte Parallele zur Gemeinde heute. Bezahlte vollzeitliche Mitarbeiter (wie z.B. Pastoren und Missionare) haben schon immer die meiste Arbeit im Dienst für Gott getan. Das entspricht gewiss nicht Gottes Vorstellungen. Die Not in der Welt ist zu groß, als dass sie von so wenigen Menschen entscheidend gelindert werden könnte. Nicht einmal die Bedürfnisse einer einzigen Gemeinde könnten von bezahlten vollzeitlichen Mitarbeitern gestillt werden. Jeder wird gebraucht, wenn das Werk des Herrn getan werden soll. Jeder von uns muss etwas dazu beitragen, nicht nur finanziell, sondern mit seinen Gaben und seinem Dienst. Das ist der einzige Weg, wie Gottes Wille auf Erden getan werden kann. Eine Gemeinde, in der allein der Pastor arbeitet, wird nur sehr wenig für das Reich Gottes tun. Nach Gottes Vorstellung sollen Pastoren die anderen Gläubigen zurüsten, sodass sie das Werk des Dienstes tun können.

Wir sollen unsere Gaben für andere einsetzen. Gott hat jeden Christen als Diener geschaffen!

Aber da gibt es ein Problem. Heute übt die überwiegende Mehrheit der Christen keinen persönlichen Dienst aus; und die meisten wissen nicht einmal, was ihre geistlichen Gaben sind. Noch erschreckender ist, dass viele Christen kein Problem mit dem gegenwärtigen Zustand der Dinge haben. Sie denken, Dienst sei etwas für eine kleine geistliche Gruppe – für besondere Leute im Reich Gottes. Sie meinen, man würde von ihnen die Zuschauerrolle erwarten. Wenn das stimmt, warum hat Gott dann jedem von uns eine geistliche Gabe gegeben? Warum fordert die Heilige Schrift uns auf, diese Gabe zum Nutzen der anderen einzusetzen? Leider denken viele, ihre geistliche Gabe sei zum persönlichen Gebrauch und zur eigenen Erbauung bestimmt, aber das widerspricht eindeutig der Heiligen Schrift. Wir sollen unsere Gaben für andere einsetzen. Gott hat jeden Christen als Diener geschaffen! Sein Werk kann nicht ausgeführt werden, solange sich nicht jeder beteiligt.

Einander dienen
1. Tag

Dient einander mit euren Gaben – Johannes 13,34

Was erwarten Sie von einem begabten Menschen? In unserer Kultur applaudiert man einem begabten Sportler oder Musiker und bewundert ihn. Eine begabte Führungskraft wird von ihrem Arbeitgeber gewöhnlich großzügig belohnt. Wenn wir den „Begabten" treffen, erwarten wir, dass er sich irgendwie hervortut – und oft erwartet er das selbst auch. So denken Nichtchristen in dieser Sache. Wenn jemand nicht an Gott glaubt, sondern davon ausgeht, dass wir alle das Produkt eines darwinistischen Ausleseprozesses sind, dann sind alle Leistungen und Fertigkeiten allein durch persönlichen Verdienst erlangt. Wir gebrauchen zwar den Begriff „begabt", meinen aber tatsächlich „verdient". Diese *survival-of-the-fittest*-Mentalität verficht den Sieger und vergisst den Besiegten. Wenn wir aber verstehen, dass wir nicht *self-made*, sondern von Gott geschaffen sind, erscheint alles in einem anderen Licht.

Unsere Begabungen müssen als genau das erkannt werden: geschenkt. Vor einigen Jahren sagten einige Leute, dass sie durch meinen Dienst gesegnet worden seien. Sie fragten: „Was ist Ihr Geheimnis, dass Sie so viel mehr durch Ihr Studium erreichen als wir? Sind Sie einfach ein fleißiger Student?" Als ich über diese Frage nachdachte, musste ich ehrlicherweise demütig bekennen: „Nein, ich würde mich nicht als fleißig bezeichnen." Mein Lehren war der größte Beitrag, den ich ihnen bieten konnte. Und wenn Gott mich „begabt" hat, kann ich es mir nicht als Verdienst zuschreiben. Ich musste anerkennen: Alles, was ich anderen anbieten kann, habe ich von Ihm, nicht von mir.

Wir müssen die Ziele erkennen, zu denen wir unsere Gaben empfangen haben. Gott möchte, dass sein Leib die Gaben und Fähigkeiten zum gemeinsamen Nutzen gebraucht, anstatt dass wir selbstsüchtig leben. Wir waren nie dafür gedacht, die einzigen Nutznießer unserer Gaben zu sein. Gott hat uns mit jeder Gabe gesegnet, die wir besitzen – seien es nun Fähigkeiten im Bereich Sport oder Musik, seien es eine Redebegabung, besondere Intelligenz oder Geschäftssinn. Er hat uns das geschenkt, damit wir anderen zum Segen werden. Es ist Gottes Wunsch, dass jeder Gläubige ein Diener ist und nicht bloß ein Amt innehat. Nicht jeder von uns wird predigen oder vollzeitlich dienen. Aber jeder von uns kann sich von Gott gebrauchen lassen, um jemand anderem zu dienen. Wenn wir wirklich wiedergeboren sind, hat Gott uns mit geistlichen Gaben ausgestattet. Sie sind uns nicht gegeben, damit wir uns selbst gut finden, sondern wie Paulus in 1. Korinther 12,7 erklärt: *„Jedem aber wird die Offenbarung des Geistes zum Nutzen gegeben."* Mit anderen Worten: Der Leib Christi sollte durch unsere Anwesenheit gesegnet werden. Wir sind aufgefordert, einander zu dienen.

Was ist Ihre Haltung gegenüber Ihren Gaben und Fähigkeiten? Rechnen Sie sich den Verdienst für diese Gaben selbst zu, oder geben Sie Gott die Ehre und erkennen ihn als die Quelle alles Guten in sich? Ein richtiges Denken über Ihre Gaben und Fähigkeiten sollte eine Haltung der Demut und Dankbarkeit gegenüber Gott als deren Urheber bewirken.

„Wie jeder eine Gnadengabe empfangen hat, so dient damit einander als gute Verwalter der verschiedenartigen Gnade Gottes!"
1. Petrus 4,10

 Lesen Sie 1. Petrus 4,10. Beantworten Sie dann die folgenden Fragen.

Welche Voraussetzung macht Petrus hier?

_____

_____

Was sollen wir mit unserer Gabe machen?

_____

_____

Jeder Gläubige hat mindestens *eine* Gnadengabe. Das stellt Petrus hier fest. Wir alle haben einen Dienst, den wir beitragen können. Da niemand von uns alle Gaben besitzt, brauchen wir den Beitrag der anderen. Gott hat sichergestellt, dass sein Leib eine Gemeinschaft der Wechselbeziehungen ist – wir brauchen einander. Damit Gottes beabsichtigtes Ziel erreicht wird, müssen wir unsere Gabe einsetzen, müssen wir mit ihr arbeiten. Petrus macht deutlich: Wir haben nicht nur eine Gabe bekommen, wir sind sogar deren Verwalter – wir müssen Gott Rechenschaft darüber ablegen, was wir mit seiner Gabe gemacht haben. Wahre Nachfolge ist nicht eigennützig. Sie ist darauf konzentriert, die Bedürfnisse anderer zu erfüllen. Wenn ich mich dazu entscheide, die Bedürfnisse anderer anstatt meine eigenen zu stillen, ist das ein Akt des Glaubens. Ich vertraue Gott und nicht meiner eigenen Anstrengung, dass er meine Bedürfnisse stillt. Ich liebe denjenigen, dem ich diene. Entweder liebe ich mich selbst und diene auch mir selbst, oder ich liebe den Vater und diene ihm und den Seinen. Gott möchte, dass sein Leib eine Gemeinschaft ist, wo wir alle einander durch die Liebe dienen. Ein wichtiger Weg, um einander zu dienen, sind unsere Gaben.

✝ **Lesen Sie 1. Petrus 4,11. Bestimmen Sie die Kategorien unserer Gaben. Was soll nach Gottes Willen durch den Einsatz unserer Gaben bewirkt werden?**

> *„Wenn jemand redet, so rede er es als Aussprüche Gottes; wenn jemand dient, so sei es als aus der Kraft, die Gott darreicht, damit in allem Gott verherrlicht werde durch Jesus Christus, dem die Herrlichkeit ist und die Macht von Ewigkeit zu Ewigkeit! Amen."*
> **1. Petrus 4,11**

In 1. Petrus 4,11 liegt der Schwerpunkt auf den zwei Hauptkategorien der Gaben: Reden und Dienen. Im praktischen Sinne geschieht all unser Wirken durch Reden (was wir sagen) und Dienen (was wir tun). Gott möchte, dass beides in der richtigen Weise geschieht. Wann immer wir sprechen, sollten wir es *„als Aussprüche Gottes"* reden – wir sollten sagen, was Gott in dieser Situation gesagt haben möchte. Wenn wir dienen, sollen wir es *„aus der Kraft, die Gott darreicht"* – wir sollen es in seiner Kraft tun, nicht in unserer. Wenn wir reden, was Gott möchte, und in Gottes Kraft dienen, dann entsteht Frucht für Gott, nicht für uns. Das ist Gottes vollkommener Plan. Wir sind geschaffen, um unseren Schöpfer zu ehren, nicht uns selbst. Er ist der eine, *„dem die Herrlichkeit ist und die Macht von Ewigkeit zu Ewigkeit."*

✝ **Lesen Sie Epheser 4,8 und Galater 5,13. Was lernen wir aus diesen Versen über den Dienst aneinander?**

In Epheser 4,8 zitiert Paulus Psalm 68,19 und wendet den Vers auf Christus an, der uns Gnadengaben gibt. Als Christus in den Himmel auffuhr, nachdem er uns errettet und Sündenvergebung erwirkt hatte, befreite er uns von der Gebundenheit an die Sünde. Er hat uns nicht befreit, damit wir unser Leben selbstsüchtig für uns leben, worauf Paulus in Galater 5,13 hinweist.

Indem Gott uns Gaben gegeben hat, befähigt er jeden, ein Diener zu sein. Er gibt uns Talente und Fähigkeiten. Durch seinen Heiligen Geist befähigt er uns zum Dienen. Aber wir müssen uns ihm anschließen. Es geht darum, dass Sie Ihre Gaben einbringen, um einander zu dienen. Wir sind berufen, gute Verwalter seiner vielfältigen Gnade zu sein.

Einander dienen durch Ertragen

Einander dienen
2. Tag

John Wesley, der Gründer der methodistischen Kirche, erzählte in einer seiner Predigten über den Kampf, den er mit dem Richten anderer hatte. Jahr für Jahr hielt er einen Bruder aus der Gemeinde abwertend für selbstsüchtig und habgierig. Wesley wusste, dass der Mann einen gutbezahlten Beruf hatte, und kritisierte seine fehlende Großzügigkeit. Bei einer Gelegenheit spendete dieser Mann zu einer Wohltätigkeitsaktion einen Betrag, der Wesley sehr gering erschien – weit unter der Möglichkeit dieses Mannes. Wesleys Entrüstung kannte kein Halten mehr. Er schüttelte den Bruder und warf ihm scharfe und verachtende Worte an den Kopf. In sein Tagebuch schrieb Wesley demütig die gütige Antwort des Mannes. Ganz ruhig hatte dieser erwidert: „Ich kenne einen Mann, der am Anfang jeder Woche auf den Markt geht und für einen Groschen Kohl kauft. Er geht nach Hause und kocht den Kohl in Wasser. Die ganze Woche besteht sein Essen aus Kohl, und er trinkt nur Wasser. Essen und Trinken kosten ihn wöchentlich einen Groschen." Dieser Mann war sehr sparsam, weil er Schulden abbezahlen musste, die er vor seiner Bekehrung zu Christus gemacht hatte.

Haben Sie sich schon einmal schuldig gemacht, weil Sie die geistliche Frucht anderer beurteilt haben? Sind Sie leicht versucht, das Leben anderer mit einem Maßstab zu messen, den Sie selbst nicht an sich anlegen? Es ist oft leichter, die Sünden anderer zu sehen als die eigenen. Ich ertappe mich dabei, wie ich andere nach ihren Taten beurteile, mich selbst aber nach meinen Motiven und Absichten. Mit einem solchen Maßstab schneidet man leicht als Bester ab. Jakobus fordert eine solche Neigung heraus und fragt: *„Einer ist Gesetzgeber und Richter, der zu retten und zu verderben vermag. Du aber, wer bist du, der du den Nächsten richtest?"* (Jak 4,12).

Sünde trennt. Sie zerbricht menschliche Beziehungen. Sie stört dabei, meinen Nächsten zu lieben wie mich selbst. Vielleicht bin ich mir mancher Beziehungs-Sünden

Ich ertappe mich dabei, wie ich andere aufgrund ihrer Taten beurteile, mich selbst aber aufgrund meiner Motive und Absichten. Mit einem solchen Maßstab schneidet man leicht als Bester ab.

nicht bewusst, weil sie Unterlassungs- und nicht Tatsünden sind. Vielleicht habe ich Beziehungen selbstsüchtig vernachlässigt oder bin Menschen aus Stolz oder fehlender Vergebungsbereitschaft aus dem Weg gegangen. Vielleicht habe ich dadurch gesündigt, dass ich etwas nicht getan habe. Sünde geschieht in unseren Beziehungen, wenn Christus nicht die Kontrolle hat. Wir leben als gefallene Menschen unter gefallenen Menschen. Wir können einander dienen, indem wir akzeptieren, dass wir nicht perfekt sind. Wir sind noch im Wachstumsprozess! Wenn wir möchten, dass andere unsere Unvollkommenheiten ertragen – das hoffe ich –, dann wäre es heuchlerisch, ihnen gegenüber keine Nachsicht und Geduld zu zeigen.

✝ **Lesen Sie Epheser 4,1-3. Beantworten Sie dann die folgenden Fragen.**

Beachten Sie den Kontext. Wie zeigt sich der würdige Wandel?

_____

_____

_____

Was bedeutet „einander in Liebe ertragen" praktisch?

_____

_____

An welcher Stelle passt die Ermahnung „die Einheit des Geistes zu bewahren" in diese Werte?

_____

_____

In Epheser 4,1-3 erinnert Paulus uns an unsere Verantwortung, beständig das zu leben, was wir als unseren Glauben bekennen. Auf den ersten Blick meinen wir vielleicht, dass der Aufruf „wandelt würdig" vom Dienen spricht; aber in diesen Versen geht es um Beziehungen. Würdig zu wandeln erfordert Demut und Geduld. Dazu gehört, dass wir „einander in Liebe ertragen(d)". Das Wort ertragen bedeutet, Geduld mit den Fehlern und Schwächen anderer zu haben. Wir lernen hier, dass wir „die Einheit des Geistes ... bewahren" müssen. Beachten Sie: Wir werden nicht aufgefordert, diese Einheit herzustellen, sondern vielmehr sie zu bewahren. Einheit ist ganz natürlich vorhanden, wenn der Geist Gottes in unseren Herzen regiert. Wir sollen uns befleißigen, also sorgfältig darauf achten, dass Gottes Einheit in seinem Leib erhalten bleibt. Ein Einheits-Zerstörer ist es, wenn wir uns weigern, die Fehler oder Schwächen anderer zu übersehen. Sind Sie nachsichtig mit den Fehlern anderer?

Lektion 3: Einander dienen

 Lesen Sie die angegebenen Verse. Was lernen Sie daraus, warum wir andere ertragen müssen und was das so schwer macht?

Psalm 14,3

Jakobus 3,2

Sprüche 24,16

Ein Einheits-Zerstörer ist es, wenn wir uns weigern, die Fehler oder Schwächen anderer zu übersehen. Sind Sie nachsichtig mit den Fehlern anderer?

Warum fällt es uns manchmal so schwer, andere zu ertragen? Offenbar gibt es weder eine allgemeingültige Antwort darauf, noch ist es angemessen, einfach mit dem Hinweis auf die Sünde darauf zu reagieren. Ironischerweise ist gerade unser Gerechtigkeitsempfinden ein Hindernis dafür, andere zu ertragen. Lassen Sie mich das erklären. Wir erwarten von anderen, dass sie das Richtige tun. Aber die Bibel sagt ganz klar, dass niemand von uns immer das Richtige tut (Ps 14,3). Jakobus erinnert uns daran, dass wir alle oft sündigen (Jak 3,2), und Salomo beobachtet, dass es selbst dem Gerechten nicht anders geht (Spr 24,16). Wir konzentrieren uns meist auf die Tatsachen, dass der Gerechte wieder aufsteht, und vergessen den vorausgegangenen Fall. Alle Menschen stolpern, und deswegen müssen andere auch uns ertragen, während wir wieder aufstehen. Wir möchten, dass sie barmherzig mit uns sind, wenn wir fallen. Aber verhalten wir uns auch ihnen gegenüber so? Wenn das Versagen anderer uns betrifft, erkennen wir dann bewusst an, dass wir alle schwache Menschen sind? Oder erwarten wir von anderen eine Vollkommenheit, von der wir wissen, dass wir sie selbst nicht erreichen können? Dazu ist nötig, dass wir *„mit aller Demut und Sanftmut, mit Langmut einander in Liebe ertragen(d)"*. Denken Sie über die Formulierung *„in Liebe"* nach. Wenn wir andere nicht ertragen – Geduld haben mit ihren Fehlern und Schwächen –, dann ist unsere Liebe an Bedingungen geknüpft, dann ist sie leistungsbezogen. Gott möchte, dass seine Gemeinde eine Gemeinschaft ist, wo jeder die Demut, Geduld und Liebe hat, den anderen mit seinen Fehlern und Schwächen zu ertragen. Möchten Sie, dass Gott Sie nur dann liebt, wenn Sie richtig handeln?

Denken Sie über Galater 6,1-4 nach.

Wie sollen wir laut Vers 1 einander dabei helfen, die Last der Sünde zu tragen?

_____

_____

Wenn wir andere nicht ertragen – Geduld haben mit ihren Fehlern und Schwächen –, dann ist unsere Liebe an Bedingungen geknüpft, dann ist sie leistungsbezogen.

Gemäß Vers 2 erfüllen wir _„das Gesetz des Christus“_, wenn wir einander die Lasten tragen. Wie ist das zu verstehen?

_____

_____

Wie passen die Verse 3-5 wohl in diesen Zusammenhang?

_____

_____

Wir sind aufgefordert, in der Gemeinschaft Christi einander zu lieben. Und *eine* Weise zu lieben ist es, einander die Lasten zu tragen (V. 1). Wir sollen anderen helfen, die Last der Sünde zu tragen. Echte christliche Gemeinschaft erfordert, dass wir Sünde nicht ignorieren, denn Matthäus 18 weist darauf hin, dass ein sündiger Bruder oder eine sündige Schwester Buße tun müssen. Und wir sollen schnell bereit zur Wiederherstellung sein, wenn die Buße offensichtlich ist. Wir alle stehen nur durch Gnade vor Gott. Wenn wir alle so sehr der Gnade bedürfen, müssen wir sie anderen auch schnell zeigen. Darum scheint es Paulus im letzten Teil von Vers 1 zu gehen: *„Und dabei gib auf dich selbst acht, dass nicht auch du versucht wirst.“* Hier geht es nicht bloß darum, dass wir in derselben Weise versucht werden könnten. Die größere Gefahr besteht darin, dass wir mit Stolz, Unversöhnlichkeit oder mangelnder Liebe reagieren, wenn wir die Sünden anderer sehen. Wir alle sind Sünder vor einem heiligen Gott. Nur weil ich vielleicht nicht in demselben Bereich gesündigt habe wie mein Bruder oder meine Schwester, oder nicht im gleichen Ausmaß, hat doch meine Sünde Jesus genauso ans Kreuz gebracht wie ihre. Wenn wir jemand anderen bei einem Fehltritt sehen, gibt uns das keinen Grund zum Stolz, denn ich selbst bin doch auch „nichts“, was Heiligkeit anbelangt. Jakobus weist darauf hin: *„Denn wer das ganze Gesetz hält, aber in einem strauchelt, ist aller Gebote schuldig geworden“* (Jak 2,10). *Eine* Sünde reicht aus, um aus mir einen Sünder zu machen, der einen Erlöser braucht. Die Realität sollte mich davor bewahren, dass ich mich gegenüber meinem Bruder in der Not als überlegen fühle.

Wenn wir einander die Lasten tragen, erfüllen wir „das Gesetz des Christus“ (V. 2).

Wenn wir einander die Lasten tragen, erfüllen wir *„das Gesetz des Christus“* (V. 2). Die frühe Gemeinde bezeichnete Jesu Worte: *„Du sollst deinen Nächsten lieben* wie dich selbst" (Mt 22,39) auch als „das königliche Gesetz" (Jak 2,8) oder „das Gesetz des Christus". Das Wort, das Paulus hier für *Last* verwendet, spricht nicht nur von irgendeiner Schwierigkeit, sondern schließt auch alles ein, was die normale Belastung übersteigt. Das beinhaltet offensichtlich jede Last der Sünde, aber auch materielle Bedürfnisse (z. B. finanzielle Lasten) genauso wie emotionale Lasten (z. B. große Trauer). Wieder sehen wir, dass die christliche Gemeinschaft auf Gegenseitigkeit ausgerichtet ist. Weil wir ein Leib sind, betrifft der Schmerz des einen den ganzen Leib. Wenn ich sehe, dass ein Bruder oder eine Schwester eine besonders schwere Last trägt, dann muss ich helfen. Der erste Teil von Galater 6,4 ergänzt: *„Ein jeder aber prüfe sein eigenes Werk"*. Es ist egal, was andere machen, ich muss Gott nur für meinen Teil Rechenschaft geben. Wenn jemand anderes in der Liebe versagt, entbindet mich das nicht von meiner eigenen Verantwortung. Vers 5 sieht eine wichtige Balance bei diesem ganzen Gedanken des Lastentragens vor. Ich muss darauf achten, dass ich nicht anderen zur Bürde werde, weil ich nicht das tue, was ich kann oder tun sollte. Die griechischen Wörter für *Bürde* (V. 5) und *Last* (V. 2) unterscheiden sich. Die *Bürde* meint „mein normaler zugedachter Anteil, meine Verantwortung". Jeder von uns trägt seine Bürde. Aber wir sollen einander helfen, die *Lasten* zu tragen, die über das Normale hinausgehen. Bist du bereit, den anderen zu dienen, wenn die Last zu schwer wird?

Dient einander durch Gastfreundschaft

Einander dienen
3. Tag

Wenn Sie an *Kirche* denken, kommen Ihnen wahrscheinlich als Erstes Kirchtürme und Bankreihen in den Sinn. Die Gemeinde des ersten Jahrhunderts kannte so etwas nicht. Auch wenn zum Gemeindeleben der frühen Christen der Tempelhof gehörte, wo man anbetete, sehen wir doch aus Apostelgeschichte 2,46, dass Küchen und Esstische eine ebenso wichtige Rolle spielten. Die Häuser waren die Haupttreffpunkte der Gläubigen. Auch wenn die ersten Christen zumeist Juden waren, kamen sie aus allen Kulturen der damals bekannten Welt und aus jeder Gesellschaftsschicht. Wie ist es möglich, dass so viele verschiedene Menschen miteinander in Beziehung stehen und keine Probleme haben? Dieselbe Unterschiedlichkeit besteht in der modernen Gemeinde. Der weltweite Leib Christi schließt alle Hautschattierungen und Gesellschaftsschichten, alle politischen Richtungen und Vorlieben mit ein.

Eines der größten – und manchmal das meist vergessene – Werkzeug des Dienstes in der modernen Gemeinde ist zugleich eines der einfachsten: das Zuhause. Wir können vielleicht nicht alle predigen oder eine Gemeinde gründen. Aber wir können gastfreundlich sein. Dazu braucht man lediglich ein paar wesentliche Dinge. Ein Sofa und Stühle, ein paar Kräcker und Käse schaffen eine gemütliche und einladende Atmosphäre, um bedeutungsvolle Gespräche zu führen und wirkungsvolle Beziehungen zu pflegen. Manche Gespräche, die in den Gemeinderäumen nicht

Auch wenn zum Gemeindeleben der frühen Christen der Tempelhof gehörte, wo man anbetete, sehen wir doch aus Apostelgeschichte 2,46, dass Küchen und Esstische eine ebenso wichtige Rolle spielten.

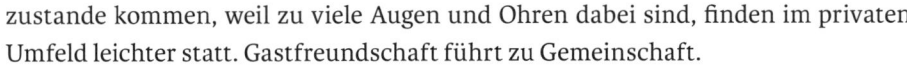

zustande kommen, weil zu viele Augen und Ohren dabei sind, finden im privaten Umfeld leichter statt. Gastfreundschaft führt zu Gemeinschaft.

Denken Sie über eine weitere „einander"-Stelle in 1. Petrus 4,8-9 nach. Wie wird das Wort *einander* in diesen zwei Versen benutzt, und wie sind die beiden Verse miteinander verbunden?

Achten Sie darauf, wie Petrus beginnt: *„Vor allen Dingen"*. Die Werte, die er nun vorstellt, sind grundlegend und bedeutend. Petrus ermahnt zu einer anhaltenden Liebe und schließt sofort die Aufforderung zur Gastfreundschaft an. Das eine fließt natürlich aus dem anderen. Es ist schwer, eine *„anhaltende Liebe"* zu jemandem zu haben, mit dem man keine Zeit verbringt. Beziehungen erfordern Zeit, und so gedeiht die *agape*-Liebe unter den Geschwistern, wenn wir Gastfreundschaft üben.

Der Schreiber des Hebräerbriefes ermahnt: *„Die Gastfreundschaft vergesst nicht! Denn dadurch haben einige, ohne es zu wissen, Engel beherbergt"* (Hebr 13,2). Petrus fordert die Gläubigen auf, Gastfreundschaft mit einer guten Einstellung zu zeigen: ohne Murren. Die Gläubigen öffneten ihre Häuser und gaben denen, die bedürftig waren. Da gab es möglicherweise die Versuchung, sich über das Verhalten mancher zu beschweren. Manchmal erwartete ein Fremder vielleicht mehr, als man für angemessen hielt, oder manche versuchten, aus der Gastfreundschaft anderer für sich Vorteile zu schlagen. Petrus warnt uns vor einer Haltung der Missgunst.

Sehen Sie sich den Gebrauch des Wortes *gastfrei* in 1. Timotheus 3,2 und Titus 1,8 an. Welche Rolle spielt es in Verbindung mit Leiterschaft?

Woran denken Sie, wenn Sie an das Wort *gastfrei* denken? Manche Männer denken sofort: Das ist Frauensache. Aber so sieht die Bibel das nicht. Tatsächlich ist Gastfreundschaft eine biblische Anforderung an einen Ältesten. In diesen beiden Hauptabschnitten über die Qualifikation für Älteste finden wir dasselbe Wort für *gastfrei*, das auch in 1. Petrus 4,8 (griech. *philoxenos*) verwendet wird. Wörtlich bedeutet es „ein Freund (*philos*) dem Fremden (*xenos*) sein". Das heißt, jemandem Güte und Freundlichkeit erweisen, der sich als Gast in einem Haus oder einer Familie aufhält. In den Tagen von Petrus und Paulus gab es nicht überall Herbergen. Stattdessen hatte es in der jüdischen Kultur einen hohen Stellenwert, dass man die Häuser für Fremde öffnete und so Gastfreundschaft zeigte.

Studieren Sie die folgenden Verse, und suchen Sie Prinzipien, die Sie auf Gastfreundschaft anwenden können.

2. Korinther 8,8

_____

_____

2. Korinther 9,7

_____

_____

In diesen Versen geht es zuerst um das Geben. Aber wir können Parallelen zur Gastfreundschaft ziehen. Paulus erinnert uns daran, dass unsere Taten ein Weg sind, „*die Echtheit* (unserer) *Liebe zu prüfen*". In 2. Korinther 9,7 beschreibt er drei Schritte dazu:

1. Wir müssen es uns im Herzen *vornehmen.* Das heißt, wir müssen uns dazu entscheiden, ein Geber zu sein: Zeit, Gaben oder Besitz. Ein wirklich gastfreier Mensch handelt so aufgrund seines Charakters und seiner Entscheidung, nicht aufgrund der Umstände.
2. Gute Vorsätze reichen nicht aus. Wir müssen sie durchziehen und in die Tat *umsetzen*, was wir uns vorgenommen haben. Aber auch das ist noch nicht genug. Gott möchte, dass wir
3. das Vorgenommene *mit einer guten Einstellung* ausführen. Paulus gebraucht hier das Adjektiv *fröhlich*, um zu beschreiben, was für Geber wir sein sollen. Das heißt nicht, dass wir dabei oberflächlich sein und lachen sollen. Es beschreibt eine zufriedene, freudige oder frohe Gemütslage.

Was erfahren wir in Römer 12,10 und 13 außerdem darüber, wie wir einander Gastfreundschaft zeigen sollen?

_____

_____

Wenn wir über Gastfreundschaft reden, geht es nicht einfach um Vergnügen oder Bespaßung. Das kann teuer sein und dient manchmal nur dazu, um andere zu beeindrucken. Oft kommt es nicht unbedingt von Herzen. Wenn wir ein offenes Herz für andere haben, möchten wir ihnen helfen, wo wir können. Dazu gehört auch, unser Haus für sie zu öffnen. Das bedeutet ein Mehr an Arbeit, aber das ist es

In 2. Korinther 8,8 spricht Paulus über das Geben. Er erinnert uns daran, dass unsere Taten ein Weg sind, „die Echtheit (unserer) Liebe zu prüfen".

„Wer aber irdischen Besitz hat und sieht seinen Bruder Mangel leiden und verschließt sein Herz vor ihm, wie bleibt die Liebe Gottes in ihm? Kinder, lasst uns nicht lieben mit Worten noch mit der Zunge, sondern in Tat und Wahrheit!" **1. Johannes 3,17-18**

wert. Wir sehen, dass wir bedeutungsvolle Beziehungen pflegen und in das Leben anderer investieren: z. B. in eine Jugendgruppe, einzelne Personen, Ehepaare ... Es zählt einfach, dass wir die Gelegenheit ergreifen, anderen Liebe zu zeigen.

Wir wollen mit einem Gedanken des Apostels Johannes schließen: *„Wer aber irdischen Besitz hat und sieht seinen Bruder Mangel leiden und verschließt sein Herz vor ihm, wie bleibt die Liebe Gottes in ihm? Kinder, lasst uns nicht lieben mit Worten noch mit der Zunge, sondern in Tat und Wahrheit!"* (1Jo 3,17-18).

Einander dienen
4. Tag

Einander dienen durch das, was wir sagen

Nicht alle einander-Verse sind positive Ermahnungen. Einige Verse sagen uns, wie wir einander *nicht* behandeln sollen. In Jakobus 3 erfahren wir, dass die Zunge ein mächtiges Werkzeug ist – zum Guten wie zum Bösen. Mit unserem Mund können wir Gott preisen, uns dann herumdrehen und mit demselben Werkzeug den Menschen fluchen, die in seinem Bild geschaffen sind. Da ist es nicht verwunderlich, dass Jakobus die Zunge mit einem *Feuer* vergleicht. Feuer kann wärmen, aber auch verbrennen. Jakobus setzt den Gedanken mit mehreren Beispielen aus der Schöpfung fort. Aus einer Quelle fließt nicht gleichzeitig frisches und bitteres Wasser. An einem Feigenbaum wachsen keine Oliven. Salzwasser ist immer salzig. Aber der Mund des Menschen funktioniert nicht immer so, wie Gott es beabsichtigt hat. Wir können unseren Willen dazu benutzen, uns über Gottes Schöpfungsabsicht hinwegzusetzen. Das Potenzial zu Gutem und Bösem besteht in derselben Öffnung nebeneinander. Beide können sich dort zeigen – und sie tun es auch. Die Beschaffenheit der Schöpfung verurteilt unsere menschliche Widersprüchlichkeit.

 Lesen Sie Jakobus 4,11. Welche negative einander-Ermahnung finden Sie hier? Wie denkt Gott darüber, wenn wir unsere Zunge zu diesem Zweck im Leib Christi einsetzen?

Die Heilige Schrift bezeichnet Gläubige als *„Kinder Gottes"* (1Jo 3,1) und die Glieder seiner Gemeinde als *„Gottes Hausgenossen"* (Eph 2,19). Wonach sehnt sich Gott in seiner Familie? Jakobus sagt: *„Redet nicht schlecht übereinander, Brüder!"* Das ist ein Befehl, kein Vorschlag. Schlecht über einen Bruder zu reden, bedeutet hier, ihn zu richten. Der Stolz des Menschen möchte seinen eigenen Wert dadurch steigern, dass er sich mit anderen vergleicht. Unser Urteilen geschieht dann in der Weise, dass wir die Sünden anderer vergrößern, unsere aber verkleinern.

Genau das macht der Pharisäer in Lukas 18,9-14. Er prahlt damit, dass er nicht wie andere Menschen ist – dabei sind wir doch dazu berufen, wie Gott zu sein. Ein Grund dafür, dass Gott uns das Urteilen verbietet, ist unsere Unfähigkeit, gerecht zu urteilen. Jemand hat einmal gesagt: „Selten ist der Mensch, der die Fehler anderer wiegt, ohne seinen Finger auf die Waagschale zu legen." In 1. Korinther 4,5 zeigt Paulus uns, wie Gott urteilt: „.... der auch das Verborgene der Finsternis ans Licht bringen und die Absichten der Herzen offenbaren wird!" Wir sind unfähig zu urteilen, weil es immer etwas Verborgenes gibt, das wir nicht sehen. Und wir kennen die Herzensmotive der anderen nicht.

„Selten ist der Mensch, der die Fehler anderer wiegt, ohne seinen Finger auf die Waagschale zu legen."

Was ergänzt Jakobus 4,12 zur Warnung vor dem Urteilen?

_____

_____

_____

Nur der eine, der das Gesetz gegeben hat, hat das Recht, Menschen zur Verantwortung zu ziehen. Die gute Nachricht lautet: Der Gesetzgeber kann nicht nur bestrafen, sondern auch vor der Strafe retten. Wenn wir urteilen, können wir nur zerstören, aber niemals retten. Paulus stellt in Römer 14,4 eine ähnliche Frage wie Jakobus: *„Wer bist du, der du den Hausknecht eines anderen richtest? Er steht oder fällt dem eigenen Herrn. Er wird aber aufrecht gehalten werden, denn der Herr vermag ihn aufrecht zu halten."* Der Herr kann uns in diesem Prozess gebrauchen, aber nicht, wenn unsere Zunge schnell dabei ist niederzureißen. Paulus schließt in Römer 14,19: *„So lasst uns nun dem nachstreben, was dem Frieden, und dem, was der gegenseitigen Erbauung dient."* Wir sollen dem nachjagen, Frieden zu stiften und einander aufzubauen. Unser Mund ist für den Dienst geschaffen, nicht zum Verleumden.

✝ **Lesen Sie 1. Petrus 3,8-10. Schreiben Sie auf, wie wir unseren Mund richtig gebrauchen sollen.**

_____

_____

_____

In diesem Abschnitt finden wir viele praktische Hinweise. Wir sollen Eintracht suchen. Wir brauchen Demut. Wir sollen nicht auf Vergeltung aus sein, sondern stattdessen segnen. Es ist wichtig, Folgendes zu verstehen: Wenn falsche Dinge gegen den anderen aus meinem Mund herauskommen, dann liegt die Lösung nicht darin, dass ich mir auf die Zunge beiße und diese Dinge nicht sage. Dazu sagt Jakobus 3,8: *„Die Zunge aber kann keiner der Menschen bändigen."* Den Grund dafür nennt Jesus in Matthäus 12,34: *„Denn aus der Fülle des Herzens redet der Mund."* Um unser Reden zu verändern, müssen wir unser Herz der Kontrolle des Herrn übergeben. Wenn wir das tun, wird er andere durch uns segnen.

Im Blick auf die Rolle unseres Redens, dieser Arena des gegenseitigen Dienens, sagt uns die Heilige Schrift nicht, dass wir dahin kommen, niemals etwas Negatives zu sagen. Wir können mit Sicherheit feststellen, dass unsere Zunge zum Dienen gedacht ist, nicht zum Verleumden. Aber das heißt nicht, dass wir Menschen nur die Dinge sagen, die sie hören möchten. Wir sollen uns nicht gegenseitig mit aufgesetzter Schmeichelei aufblasen. Auch sollen wir die Wahrheit nicht verschweigen, die gesagt werden muss, auch wenn sie unpopulär ist. Damit unsere Zunge dienen kann, muss sie die Wahrheit reden. In seiner Lehre über den Leib Christi fordert Paulus in Epheser 4,15 auf: *„Lasst uns aber die Wahrheit reden in Liebe."* Beachten Sie: Wir sollen reden, nicht schweigen. Wir sollen die Wahrheit reden, nicht Schöntuerei oder Meinungen. Das sollen wir in Liebe tun. Wenn wir das umsetzen, werden wir *„in allem hinwachsen zu ihm, der das Haupt ist, Christus."* Um unseren Mund zum Dienen zu gebrauchen, müssen wir bereit sein, einander auch schwere Dinge zu sagen, wenn das berechtigt ist. In Römer 15,14 schreibt Paulus: *„Ich bin aber, meine Brüder, auch selbst im Blick auf euch überzeugt, dass auch ihr selbst voller Güte seid, erfüllt mit aller Erkenntnis, fähig, auch einander zu ermahnen."*

> *Um unseren Mund zum Dienen zu gebrauchen, müssen wir bereit sein, einander auch schwere Dinge zu sagen, wenn das berechtigt ist.*

Wie helfen uns Sprüche 27,5-6 und Epheser 4,25 zu einer ausgewogenen Sicht über unseren Dienst mit dem Mund?

_____

_____

_____

Salomo rät: Es ist besser zu reden, auch wenn die Worte hart sind, als unsere Liebe zueinander durch Schweigen geheim zu halten. Manchmal drückt sich die Liebe am meisten durch offene Zurechtweisung aus. Liebe ist nicht, wenn wir unaufrichtig mit einem anderen reden, weil wir uns fürchten oder feige sind aus Angst, dass man mich nicht mehr als Freund ansehen könnte. Jesus sagt: *„Größere Liebe hat niemand als die, dass er sein Leben hingibt für seine Freunde"* (Joh 15,13). Wir müssen bereit sein, unser Leben hinzulegen und den Mund aufzumachen. Und Paulus ermahnt, dass wir miteinander offen die Wahrheit reden, weil wir doch Glieder untereinander sind und das brauchen.

Ich folge Gott nach

Wenn ich Essensreste zwischen den Zähnen habe oder an meiner Kleidung irgendwas nicht in Ordnung ist, möchte ich, dass mich jemand drauf aufmerksam macht. Falls jemand ein Problem bei mir sieht und nichts sagt, verhält er sich nicht wie ein Freund. Paulus sagt, er ist überzeugt, dass wir fähig sind, *„einander zu ermahnen"* (Röm 15,14). Das Wort *ermahnen* kann man auch mit „warnen" übersetzen; im Griechischen bedeutet es buchstäblich „vor den Verstand stellen".

Wenn wir einander ermahnen, sind wir nicht verantwortlich dafür, was der andere mit unseren Worten macht. Wir können es nur „vor seinen Verstand stellen" und die Verantwortung ihm und dem Wirken des Geistes Gottes überlassen. Aber wenn wir schweigen, arbeiten wir vielleicht gegen sein Wachstum statt für es. In Paulus' Worten gibt es hier einen wichtigen Punkt zu verstehen.

 Lesen Sie Römer 15,14. Welche zwei Dinge nennt Paulus als Voraussetzung, um andere zu ermahnen?

Paulus ist davon überzeugt, dass die Römer einander ermahnen *können*, weil sie zwei wichtige Voraussetzungen dazu erfüllen. Zuerst müssen wir voller Güte sein. Bevor wir reden, stellen wir sicher, dass unser Herz in der richtigen Verfassung ist. Jesus sagt: *„... zieh zuerst den Balken aus deinem Auge! Und dann wirst du klar sehen, um den Splitter aus deines Bruders Auge zu ziehen"* (Mt 7,5). Und dann müssen wir mit *aller* Erkenntnis erfüllt sein, um richtig zu ermahnen. Das heißt nicht, dass wir alles über alles wissen müssen. Wir sollen ganz einfach die ganze Geschichte kennen, bevor wir reden. Sprüche 12,18 sagt: *„Da ist ein Schwätzer, dessen Worte sind Schwertstiche; aber die Zunge der Weisen ist Heilung."* Wenn wir reden, ohne nachzudenken, können wir großen Schaden anrichten. Und in Sprüche 18,17 heißt es: *„Im Recht scheint, wer in seiner Streitsache als Erster auftritt, bis sein Nächster kommt und ihn ausforscht."* Achten Sie darauf, dass Sie beide Seiten der Geschichte gehört haben, ehe Sie versuchen, Ihren Bruder zu ermahnen.

Im Laufe dieser Woche haben wir viele verschiedene „einander"-Verse angesehen, die alle unter dem Thema „einander dienen" standen. Gott möchte, dass sein Leib eine Gemeinschaft ist, wo wir alle durch die Liebe einander dienen. Wir haben uns angesehen, was es heißt, unsere Gabe zum Dienst einzusetzen oder die Unvollkommenheiten und Schwächen des anderen zu ertragen. Wir haben die Rolle der Gastfreundschaft im Dienst aneinander beleuchtet und einige Abschnitte über das Ermahnen und Ansprechen unangenehmer Dinge gelesen.

Was sind einige Hinweise darauf, dass Gott durch Sie zum Wohl anderer arbeitet?

Bevor wir reden, müssen wir sichergehen, dass unser Herz in der richtigen Verfassung ist. Jesus sagt: „... zieh zuerst den Balken aus deinem Auge! Und dann wirst du klar sehen, um den Splitter aus deines Bruders Auge zu ziehen" (Mt 7,5).

_____

_____

Was könnte wohl Ihre Gnadengabe sein?

_____

_____

Wie können Sie Ihre Gabe weiterentwickeln?

_____

_____

Denken Sie ehrlich über die folgende Liste nach. Welche Bereiche sind Ihre Stärke? Woran müssen Sie arbeiten?

❑ Dienst aneinander mit Gnadengaben
❑ Dienst aneinander durch Ertragen
❑ Dienst aneinander durch Gastfreundschaft
❑ Dienst aneinander durch unser Reden

✝ **Lesen Sie Johannes 15,7-8. Welche zwei Dinge sind das Fundament all unseres Dienstes?**

_____

_____

_____

Wir dienen nicht einander, um bessere Christen zu sein oder Gunst bei Gott zu erlangen. Unser Dienst ist die Frucht unseres Wandels mit Gott.

Das ist ein klassischer Ursache-Wirkung-Satz, der das Ziel unseres Dienstes aneinander anspricht. Wenn Sie sich diese Verse als Pyramide vorstellen, dann ruht „viel Frucht bringen" auf dem Fundament, dass Sie in einer Beziehung mit Christus bleiben und dass sein Wort in Ihnen bleibt. Auch die Wortwahl ist hier wichtig. Wir dienen nicht einander, um bessere Christen zu sein oder Gunst bei Gott zu erlangen. Unser Dienst ist die Frucht unseres Wandels mit Gott. Je näher wir uns bei ihm aufhalten, desto mehr Frucht bringen wir.

Denken Sie über die fünf Bereiche aus Johannes 15,7-8 nach. Wie würden Sie sich dort einschätzen?

In Ihm bleiben

Nicht gut   1   2   3   4   5   Gut

Sein Wort bleibt in Ihnen

Nicht gut   1   2   3   4   5   Gut

Bitten und Antwort bekommen

Nicht gut   1   2   3   4   5   Gut

Gott verherrlichen

Nicht gut   1   2   3   4   5   Gut

Viel Frucht bringen

Nicht gut   1   2   3   4   5   Gut

Der Schlüssel, um einander zu dienen, heißt nicht: sich mehr auf den Dienst konzentrieren oder mehr anstrengen, sondern: enger mit Gott wandeln. Es ist nicht die Aufgabe des Zweiges, Frucht zu bringen. Sondern er trägt die Frucht als Ergebnis davon, dass er mit dem Weinstock verbunden ist. Die wichtigsten Dinge, die uns in Gemeinschaft mit Gott halten, sind:

1. Pflegen Sie die Beziehung zu ihm durch Gebet und das Lesen seines Wortes, und
2. bekennen Sie Sünde und tun Sie Buße, sobald Gott Ihnen Sünde offenbart.

Beenden Sie diese Lektion mit einem Gebet, in dem Sie diese beiden Aspekte des Bleibens in der Gemeinschaft mit ihm reflektieren.

Füreinander beten

Jakobus ist der Apostel mit dem Spitznamen „Kamelknie", weil seine Knie von den Jahren des Gebets so hart wie die eines Kamels gewesen sein sollen. *„Viel vermag eines Gerechten Gebet in seiner Wirkung"* (Jak 5,16). Jakobus beginnt diesen Vers mit den Worten: *„Bekennt nun einander die Sünden und betet* füreinander, *damit ihr geheilt werdet!"* Die Aufforderung *„betet füreinander"* ist grammatisch ein Imperativ, also ein Befehl und kein Vorschlag. Im Griechischen steht das Verb im Präsens, was auf einen beständig andauernden Vorgang hinweist. Wir sollen anhaltend füreinander beten – nicht nur einmal und es dann wieder vergessen. Gott möchte, dass seine Gemeinde eine Gemeinschaft ist, die miteinander in Verbundenheit und Abhängigkeit von ihm lebt. Jakobus gebraucht hier für „beten" das Wort *euchomai*, das ein starkes oder intensives Wünschen für jemanden ausdrückt. Beachten Sie die Konsequenzen für unsere Beziehungen. Wir sollten so am Leben der anderen teilnehmen, dass wir wissen, wie wir füreinander beten können. Wir sollten uns so um die anderen sorgen, dass wir ihre Bedürfnisse kennen, und wir sollten einen Wunsch nach ihrem Guten entwickelt haben. Wenn das so ist, sind wir motiviert, diesen Wunsch vor den Einen zu bringen, der helfen kann. Es muss ein gewohnheitsmäßiger Ausdruck unserer Abhängigkeit von Gott sein, ihm diese Anliegen mitzuteilen. Wir erkennen darin unsere Unfähigkeit und üben uns im Vertrauen, dass er dazu fähig ist.

Wenn die Gemeinde ein Leib ist, dann gibt es auch schmerzvolle Zeiten, und ich muss mit den Weinenden weinen. Wenn die Gemeinde eine „einander-Gemeinschaft" ist, haben wir alle Teil an den Freuden der anderen *und* auch an deren Schmerzen. Jakobus weist uns an: *„Bekennt nun einander die Sünden."* Wir müssen zueinander offen genug sein – bis hin zur Preisgabe unserer Fehler –, dass wir einander unsere wahren und tiefsten Nöte mitteilen. Dazu gehört, dass wir bereit werden, vor den anderen verwundbar zu sein.

„Bekennt nun einander die Sünden und betet füreinander, damit ihr geheilt werdet! Viel vermag eines Gerechten Gebet in seiner Wirkung."
Jakobus 5,16

Ich habe das Gebet als einen Weg kennengelernt, auf dem Gott den Leib „zusammenstrickt". Wenn ich für andere bete, entwickle ich ein Mitgefühl für ihre missliche Lage. Um richtig zu beten, muss ich mich in ihre Lage hineinversetzen. Zum einen beeinflusst das meine Art zu beten, und zum anderen beeinflusst es die Art, wie ich die anderen sehe und mich mit ihnen identifiziere. Gott weiß das. Er möchte, dass unser Leben mit ihm *und* mit den anderen verbunden ist. Jakobus verspricht: „*Viel vermag eines Gerechten Gebet in seiner Wirkung.*" Das hier verwendete griechische Wort für „Gebet" (*deesis*) ist ein anderes, als das zuerst im Vers gebrauchte. Dieses hier vermittelt den Gedanken von „ein Bedürfnis anerkennen" und „Gott um Hilfe bitten". Was für ein schöner Gedanke, wenn wir füreinander besorgt sind. Wir sollten den starken Wunsch haben, dass Gott im Leben der Menschen um uns herum wirkt. Es soll unser Verlangen sein, dass sein Wille ausgeführt wird. Dass seine Freude und sein Frieden im Leben anderer Wirklichkeit werden. Wenn wir Nöte erkennen, die jemand nicht bewältigen kann – Nöte, denen nur Gott auf die richtige Weise und zur richtigen Zeit wahrhaft begegnen kann –, dann bitten wir den Herrn dafür. Wenn wir lernen, mit dieser Fürsorge für andere zu beten, sehen wir oft den Himmel auf Erden. Genau das möchte Gott. Er möchte seinen Willen in jedem Leben verwirklicht sehen. Er möchte, dass jeder von uns zugibt, dass wir mit den Nöten, die wir erleben, nicht selbst fertig werden. Wir sollen damit zu ihm kommen, denn er weiß in jeder Situation und für jeden Menschen das Beste zu tun. Nimmst du die Nöte deiner Geschwister in Christus wahr? Wie offen bist du in Bezug auf deine eigenen Nöte?

Füreinander beten

1. Tag

Warum sollten wir füreinander beten?

Haben Sie schon einmal innegehalten und über die Tatsache nachgedacht, dass es Probleme in unserem Leben gibt? Wir leben in einer gefallenen Welt, und es sollte uns daher nicht überraschen, dass wir Nöten begegnen. Die Sünden und die Selbstsucht des Menschen garantiert, dass nichts so läuft, wie Gott es ursprünglich beabsichtigt hat. Aber wir sind nicht allein gelassen. Wir sind geliebt und bewacht von einem allmächtigen Gott. Er kann von jeder Last befreien, jede Wunde heilen, jede Not lindern und jedes Hindernis beiseite räumen. Gott ist nicht nur allmächtig, er ist auch allwissend. Nichts kann uns im Leben begegnen, was ihn überraschen würde. Keine unserer Nöte entgeht seinem Blick. Kein sehnsüchtiges Verlangen, kein verzweifelter Herzensschrei ist ihm fremd. Zu dieser Wahrheit kommt die Gewissheit hinzu, dass Gott allgegenwärtig ist. Er ist niemals zu weit weg, als dass er uns nicht halten könnte. Er ist nie zu abgelenkt, uns zu vergessen, oder zu beschäftigt, um Zeit für zu uns zu haben. Zu diesen unglaublichen Eigenschaften kommt die Tatsache hinzu, dass er uns völlig und bedingungslos liebt. Wenn das alles wahr ist, warum müssen wir dann noch beten? Warum sind unsere Bedürfnisse nicht gestillt, bevor sie überhaupt zum Bedürfnis werden? Gewiss ist Gott fähig einzugreifen.

Gewöhnlich lösen wir solche geistlichen Dilemmas mit dem Hinweis auf, dass Gott souverän ist und wir darauf vertrauen müssen, dass er alles am besten weiß. Wenn wir dieses Denken zu weit treiben, untergräbt es unser Gebet füreinander. Wenn Gott sowieso tut, was er will, warum sollen wir uns dann überhaupt noch die Mühe machen zu beten? Die Antwort ist ganz einfach: Es ist uns befohlen. Diese Wahrheit bringt einige grundlegende Tatsachen mit sich. 1) Die Aufforderung der Bibel zum Gebet zeigt uns klar, dass dies Gottes Wunsch ist. 2) Sie macht außerdem deutlich, dass es auf unser Gebet ankommt. Es macht einen Unterschied. Oft machen wir uns schuldig, dass wir unseren Teil in der Gleichung übersehen. Gott hat die Welt so konzipiert, dass wir tatsächlich etwas bewirken können – nicht nur durch unser Handeln, sondern auch durch unser Bitten. Jakobus sagt es deutlich: *„Ihr habt nichts, weil ihr nicht bittet"* (Jak 4,2). Während die Fähigkeit zum Gebet uns nicht mit unbegrenzter Kraft ausstattet – Gott kann „Nein" sagen, wenn er es für angemessen erachtet –, kann das Gebet Dinge verändern; und das tut es auch. Und um es deutlich zu sagen: Es gibt Zeiten, da lehnt Gott es ab zu handeln, es sei denn, dass wir mitwirken.

Gott hat die Welt so konzipiert, dass wir tatsächlich etwas bewirken können – nicht nur durch unser Handeln, sondern auch durch unser Bitten.

 Lesen Sie 2. Korinther 1,8. Wie beschreibt Paulus die Bedrängnis, die er und seine Mitarbeiter in Kleinasien erlebten?

In diesem Vers sehen wir, dass Gott es erlaubt, dass sogar sein größter Diener von Schwierigkeiten schwer bedrückt wird. Das hier verwendete Wort *Bedrängnis* (*thlipsis*) bedeutet „drücken", „quetschen", „zerstoßen". Achten Sie darauf, wie Paulus seine Erfahrung in Kleinasien beschreibt. Er und seine Reisebegleiter wurden *„übermäßig beschwert"*, weit über ihr Vermögen. Während dieser Schwierigkeiten wurde es so schlimm, dass sie *„sogar am Leben verzweifelten"*. Der Tod schien attraktiver als das, was sie gerade durchlebten.

 Lesen Sie 2. Korinther 1,9. Welchen Grund nennt Paulus dafür, dass Gott diese Schwierigkeiten in ihrem Leben zuließ?

Paulus wäre kein Mensch, wenn ihn Schwierigkeiten kalt ließen. Aber er war zu dem Standpunkt gekommen, dass die Widrigkeiten ein gutes Ergebnis bringen werden. Sie hatten ihn und sein Team unfähig gemacht, auf ihre eigene Kraft zur Befreiung zu vertrauen. Die Situation war außerhalb ihrer Kontrolle. Das mag nicht gut klingen, aber es ließ sie ihr Vertrauen auf Gott statt auf sich selbst setzen. Wie Geoffrey Bull sagt: „Selbst-vertrauen ist Gott-misstrauen." Er möchte nicht, dass wir das Leben selbst in die Hand nehmen.

Sehen Sie sich 2. Korinther 1,10 an. Was hatte Paulus in der Vergangenheit erlebt, das ihm Zuversicht für die Gegenwart und Zukunft gab?

_____

_____

„Selbst-vertrauen ist Gott-misstrauen."

Geoffrey Bull

Ob in der nahen oder fernen Vergangenheit, Paulus weist darauf hin, dass er und seine Begleiter in Todesgefahr waren und errettet wurden. Oft lesen wir in der Apostelgeschichte Berichte davon, wie Gott Paulus und andere in lebensgefährlichen Umständen geschützt und daraus gerettet hat. Wenn Paulus über Gott sagt *„auf ihn hoffen wir"*, dann wartet er immer noch auf die Befreiung aus seiner gegenwärtigen Notlage. *„Dass er uns auch ferner erretten werde"*, ist seine Hoffnung.

 Lesen Sie 2. Korinther 1,11. Wie konnte Paulus so zuversichtlich sein, dass Gott sie retten würde?

_____

_____

_____

_____

„Wobei auch ihr durch das Gebet für uns mitwirkt, damit von vielen Personen für das uns verliehene Gnadengeschenk gedankt werde, durch viele für uns."

2. Korinther 2,11

Wie konnte er so zuversichtlich sein? Weil es Menschen gab, die für ihn beteten. Paulus begann diese Verse mit der Aussage, dass er die Korinther *„nicht in Unkenntnis lassen* (wollte) über (ihre) *Bedrängnis"* (V. 8). Er wollte ihnen seine Not mitteilen, weil er ihr Gebet brauchte. Ich frage mich, wie oft sich unsere Errettung schon verzögert hat, weil wir nicht bereit waren, unsere Not mit den Geschwistern zu teilen. Wir haben nichts erzählt und nicht um Gebetsunterstützung gebeten. Gott kann zu jeder Zeit tun, was er will. Manchmal aber entscheidet er sich zu warten, damit wir unseren Glauben dadurch üben, dass wir unsere Sorgen auf ihn werfen, bevor er einschreitet. Gott möchte, dass seine Gemeinde eine Gemeinschaft ist, wo wir einander die Lasten im Gebet tragen, weil *„wir, die vielen, ein Leib in Christus (sind), einzeln aber Glieder voneinander"* (Röm 12,5).

Ist Ihnen aufgefallen, welchen Einfluss Paulus hier den Gebeten der Korinther zuschreibt? Ihre Fürbitte war mehr als eine bloß moralische Unterstützung. Er sagt zu ihnen: *„... wobei auch ihr durch das Gebet für uns mitwirkt"* (2Kor 1,11). Glauben wir, dass unsere Gebete etwas bewirken, wenn wir füreinander beten? Wir sollten es, denn sie sind nicht wirkungslos. Ein Grund dafür, dass wir uns nach Gottes Willen in der Fürbitte mit anderen zusammentun sollen, ist die gemeinsame Freude über die Gebetserhörung. Die Erwartung des Paulus ist, dass *„von vielen Personen für das uns verliehene Gnadengeschenk gedankt* *werde, durch viele für uns"* (V. 11). Haben Sie die letzte Formulierung verstanden? *„Wenn viele das tun* (beten), *werden dann auch viele Gott für die Gnade danken, die er uns erfahren lässt"* (NGÜ), so kann man diesen Vers auch wiedergeben. Aber was ist, wenn die vielen *nicht* beten? Gott möchte, dass wir uns die Nöte anderer im Leib Christi zu eigen machen. Er möchte, dass wir füreinander beten, damit er uns das Gnadengeschenk durch unsere Gebete geben kann. Paulus war es wichtig anzuerkennen, dass Gott es ist, der errettet. Aber die Korinther hatten das Vorrecht, sich mit Gott in dem Werk zu verbinden, das er im Leben anderer ausführen wollte. Wir haben auch dieses Privileg. Gott möchte, dass wir uns ihm durch das Gebet anschließen. Gibt es jemanden, den Sie durch Gebet beschenken können? Vielleicht wartet Gott darauf, dass Sie sich mit ihm zusammentun, bevor er die Rettung schickt.

Wie sollen wir füreinander beten?

Füreinander beten
2. Tag

Vor Jahren erzählte die englische Missionsärztin Helen Roseveare aus ihrer Missionsarbeit im Kongo ein Beispiel für ein erhörtes Gebet. „Eine Mutter war auf unserer Missionsstation nach der Geburt eines Frühchens verstorben. Wir versuchten, einen provisorischen Brutkasten einzurichten, um den Säugling am Leben zu erhalten. Aber unsere einzige Wärmflasche war nicht mehr zu reparieren. So baten wir die anderen Kinder auf der Station, für das Baby und seine Schwester zu beten. Eines der Mädchen betete: ‚Lieber Gott, bitte schicke uns heute eine Wärmflasche. Morgen ist es zu spät. Dann ist das Baby tot. Und, lieber Herr, schick eine Puppe für seine Schwester, damit sie sich nicht so allein fühlt.' An diesem Nachmittag kam ein großes Paket aus England an. Die Kinder sahen gespannt zu, als wir es öffneten. Zu ihrer großen Überraschung war unter den Kleidern eine Wärmflasche! Augenblicklich begann das Mädchen, das so ernsthaft gebetet hatte, tiefer zu wühlen: ‚Wenn Gott das geschickt hat, dann ist sicher auch die Puppe dabei!' Und sie hatte recht! Der himmlische Vater kannte im Voraus die aufrichtige Bitte dieses Kindes. Und fünf Monate zuvor hatte er eine Frauengruppe dazu bewogen, diese beiden besonderen Gegenstände in das Paket zu packen."[1]

Gott, der Hörer des Gebets, ist nicht durch Raum oder Zeit beschränkt. Deswegen können unsere Gebete durch beides nicht verhindert werden. Durch das Geschenk der Fürbitte können wir an den Nöten anderer teilhaben. Wir können auf unseren Knien große Entfernungen überbrücken. Obwohl wir mit solcher Kraft ausgestattet sind, laufen wir Gefahr, wie praktische Atheisten zu leben, wenn wir glaubenslos in so allgemeinen Phrasen beten wie „O, Herr, segne sie", ohne um etwas Konkretes zu bitten. Wir stehen am Rande der Blasphemie, wenn wir Gott um so wenig bitten und ihm nur in so unbedeutenden und unmessbaren Einzelheiten in unserem Gebet für andere vertrauen.

Lesen Sie Epheser 6,18. In diesem Vers finden Sie das Wort *alle* 4-mal – je nach Bibelübersetzung. Und jedes Mal geht es um eine Anweisung fürs Gebet. Sehen Sie sich jede dieser Formulierungen in ihrem Kontext an. Wie können Gläubige das anwenden?

DIE VIER *ALLE* DES GEBETS

*„Betet **alle**zeit mit **allem** Bitten und Flehen im Geist und wacht dazu mit **aller** Beharrlichkeit und Flehen für **alle** Heiligen."*
Epheser 6,18 LÜ2017

„Mit allem Gebet und Flehen ..."

_____

_____

„Betet allezeit" – wie ergänzen Hebräer 13,5b und 1. Thessalonicher 5,17 diese Aussage?

_____

_____

_____

Das erste *Alle* lautet *„Betet **alle**zeit"*. Gebet ist nicht reserviert für eine bestimmte Stunde des Tages oder eine besondere Gemeindeveranstaltung. Gott möchte, dass unser Beten ein fortdauerndes, nicht endendes Gespräch zwischen uns und dem Einen ist, der uns *„nicht verlassen"* wird (Hebr 13,5). Paulus ermahnt die Thessalonicher: *„Betet unablässig"* (1Thes 5,17). Das ist unmöglich, wenn Gebet nur zu einer bestimmten Stunde oder Gemeindeveranstaltung vorkommt. Aber es ist möglich, wenn es in unserem Herzen geschieht. Wir können mit Christus reden, während wir gehen, warten, arbeiten, Sorgen haben – besonders dann. Vom Aufwachen an sollten wir im Gespräch mit dem Herrn sein. Diese Art des Betens ist nicht gedacht für eine blumige Sprache oder lange Monologe. Es kann so simpel sein wie „Herr, ich brauche deine Hilfe." Wann sollen wir beten? Zu aller Zeit.

*„mit **allem** Bitten und Flehen im Geist ..."*

Das zweite *Alle* finden wir in *„mit **allem** Bitten und Flehen"*. Es steht im Kontext der Aussage, dass wir das Schwert des Geistes nehmen sollen, *„das ist Gottes Wort"* (V. 17). Im Licht dieser Aussage muss all unser Beten *„im Geist"* sein. Gebet ist Sprechen mit Gott. Das klingt allzu einfach, aber leicht vergessen wir es. Gebet ist ein Gespräch zwischen unserem Geist und Gottes Geist. Aber wenn ich nicht aufpasse, kann es zur Gewohnheit werden oder zum rituellen Aufsagen von Worten führen, die nicht weiter als bis zur Zimmerdecke reichen. Gefaltete Hände, geschlossene Augen, ein gesenkter Kopf – das macht noch kein wahres Gebet aus. Echtes Gebet geschieht dann, wenn ich von Herzen aufrichtig bete und wirklich mit Gott spreche. Manchmal sind unsere Gebete nicht mehr als Selbstgespräche in religiösem Jargon oder Kurzpredigten, die wir an die Anwesenden richten. Wahres Gebet ist Reden mit Gott – nur mit Gott.

*„… und wacht dazu mit **aller** Beharrlichkeit"*

Das dritte *Alle* des Gebets lautet *„mit **aller** Beharrlichkeit"*. Gebet ist nicht die Vorbereitung für das Werk des Dienstes: Es *ist* das Werk des Dienstes – und glauben Sie mir: Es ist Arbeit. Der große Prediger und Fürbitter R. A. Torrey schrieb: „Warum gibt Gott uns nicht gleich beim ersten Mal, worum wir ihn bitten? Die Antwort ist einfach: Er gibt uns als weit größeres Gutes das Einüben in einen ausdauernden Glauben … Betet durch, betet durch, betet durch! Fang nicht einfach an zu beten, und dann betest du ein Weilchen, wirfst die Hände verzweifelt hoch und gibst auf. Sondern bete und bete und bete, bis Gott die Himmel beugt und herabkommt."

„… und Flehen für alle Heiligen" **Wie ergänzen 1. Korinther 12,25 und Matthäus 5,44 diese Aussage?**

_____

_____

_____

Das vierte *Alle* ist das *„Flehen für alle Heiligen"*. Gebet soll nicht selbstsüchtig oder eigennützig sein. Gott möchte, dass sein Leib eine Gemeinschaft ist, die durch Gebet füreinander sorgt. Wenn ich nur in meinen eigenen Bedürfnissen bete, ist das kein Gebet nach Gottes Willen. Er möchte, dass wir einander aufrichten. Das schließt auch diejenigen ein, die ich nicht mag – ganz besonders diese. Wenn meine Einstellung gegenüber einem Bruder angespannt oder gestört ist, dann hilft das Gebet für ihn uns beiden enorm. In 1. Korinther 12,25 nennt Paulus als Ziel, *„damit keine Spaltung im Leib sei, sondern die Glieder dieselbe Sorge füreinander hätten"*. Wir müssen für die beten, für die wir es nicht möchten. In der Bergpredigt sagt Jesus: *„Liebt eure Feinde, und betet für die, die euch verfolgen"* (Mt 5,44). Durch Gebet können wir aus Feinden Freunde machen.

> *„Warum gibt Gott uns nicht gleich beim ersten Mal, worum wir ihn bitten? Die Antwort ist einfach: Er gibt uns als weit größeres Gutes das Einüben in einen ausdauernden Glauben … Betet durch, betet durch, betet durch! Fang nicht einfach an zu beten, und dann betest du ein Weilchen, wirfst die Hände verzweifelt hoch und gibst auf. Sondern bete und bete und bete, bis Gott die Himmel beugt und herabkommt."*
> **R. A. Torrey**

Was das Gebet füreinander behindert

Füreinander beten
3. Tag

Die frühe Gemeinde hatte wenig Einfluss auf die Kultur ihrer Zeit. Wenn die Gesellschaft sie respektlos oder geringschätzig behandelte, konnte sie keinen Boykott oder Protest organisieren. Wenn Verfolgung aufflammte, hatte sie keine Armee zum Selbstschutz. Wenn die Verantwortlichen in der Regierung diese Verfolgung genehmigten, gab es keinen Abgeordneten oder Lobbyisten, der ihre Interessen vertreten hätte. Das heißt aber trotzdem nicht, dass sie machtlos war. Durch Gebet konnten die Gläubigen ihr Anliegen vor den allmächtigen Gott bringen. Und sie beteten.

„... aber von der Gemeinde geschah ein anhaltendes Gebet für ihn zu Gott"
Apostelgeschichte 12,5

Wenn Verfolgung aufkam, trafen sie sich zum Gebet. Einmal verhaftete Herodes den Apostel Petrus, weil er ihn hinrichten lassen wollte. Die Gemeinde konnte ihn nicht aus dem Gefängnis holen, aber sie konnte ihn herausbeten. Als Petrus in der Nacht vor seiner geplanten Hinrichtung schlief, geschah *„von der Gemeinde ... ein anhaltendes Gebet für ihn zu Gott"* (Apg 12,5). Während dieser Nachtstunden sandte der Herr einen Engel, der die Ketten des Petrus löste und ihn unbemerkt aus dem Gefängnis begleitete. Zuerst dachte Petrus, dass er eine Erscheinung hätte. Aber als der Engel ihn rausgeführt und dann verlassen hatte, wurde ihm bewusst, was hier vor sich gegangen war. Und als er dann zu Marias Haus kam, erkannte er, wie das geschehen konnte – die Gemeinde betete für ihn: Er *„kam ... an das Haus der Maria, der Mutter des Johannes mit dem Beinamen Markus, wo viele versammelt waren und beteten"* (Apg 12,12).

Gott hat sich nicht geändert. Haben wir uns verändert? Haben wir in unseren Tagen so viele andere Möglichkeiten, dass wir anhaltendes Gebet nicht mehr brauchen? Der britische Evangelist Alan Redpath (1907-1989) sagte: „Wir werden in unserer Arbeit nur so schnell und weit vorankommen, wie wir auf unseren Knien vorankommen. Gebet öffnet den Kanal zwischen einer Seele und Gott; Gebetslosigkeit verengt ihn. Deswegen ist Gebet so anstrengend und unverzichtbar. Würden wir das glauben, wären die Gebetsstunden so voll wie der Gottesdienst." Aber unsere Gebetsstunden sind nicht gut besucht. Vielleicht weil wir uns der Nöte unserer Brüder und Schwestern nicht so bewusst sind, wie es sein sollte. Oder wir glauben nicht, dass Gott bereit und fähig ist einzugreifen. Jim Elliot (1927-1956) starb als Märtyrer bei dem Versuch, einen Indianerstamm in Ecuador mit dem Evangelium zu erreichen. Er sagte über das Gebet anderer für seinen Dienst: „In den letzten Wochen habe ich die Wirkung eures Gebets für mich gespürt. Ich bin jetzt sicher, dass nichts einen stärkeren Einfluss auf mein Leben hat als eure Gebete." Hätte er sein Leben ohne die Gebetsunterstützung anderer auf dem Altar niederlegen können? Aber wir beten nicht so, wie wir es sollten – zum Teil –, weil wir uns um die Umstände der anderen nicht so kümmern, wie Gott das wünscht. Vielleicht brauchen wir das Gebet anderer für uns in dem Anliegen, dass wir uns mehr um andere sorgen und mit ihnen verbunden sind. Paulus betete dies für die Thessalonicher: *„Euch aber lasse der Herr zunehmen und überreich werden in der Liebe zueinander und zu allen"* (1Thes 3,12).

Vielleicht rührt unsere Gebetsarmut auch gar nicht daher, dass wir unbekümmert sind oder einen mangelnden Glauben in Gottes Fähigkeiten haben. Vielleicht fehlt es uns an Vertrauen in unsere eigenen Gebete. Unsere Gebete sind mächtig, weil der Gott, zu dem wir beten, mächtig ist. Auf dieser Seite des Himmels sehen wir die Auswirkungen unserer Gebete vielleicht nicht völlig. Aber ich erwarte, dass es auf der anderen Seite viel Ermunterung gibt, wenn wir auf unsere Gebete hier zurückschauen. Edith Schaeffer schrieb: „Wir alle müssen warten, bis eines Tages die erstaunlichen Entdeckungen gemacht werden, wessen treue Gebete in Krankenhäusern, Gefängnissen, Dschungeln, Rollstühlen, engen Großstadtwohnungen, Holzhütten, Bauernhöfen, Fabriken oder Konzentrationslagern Teil eines besonderen Sieges gewesen sind, wo jemand dem Todeskreislauf entrissen und Ketten gesprengt wurden, damit er in das neue Leben gehen konnte. Ich bin sicher, dass wir über die Maßen erstaunt sein werden zu sehen, wer oder wie viele für ihren Beitrag belohnt werden, dass sie die Verantwortung zur Fürbitte mit einfachem Glauben und Vertrauen wörtlich genommen haben, zu beten, Tag ein Tag aus Bitten vorzubringen."

✝ **Lesen Sie 1. Samuel 12,23. Was erfahren Sie darüber, wie wichtig das Gebet füreinander ist?**

_____

_____

_____

Haben Sie schon einmal jemandem gesagt: „Ich bete für dich", und es nicht getan? Ich schätze, dass es uns allen schon oft so gegangen ist. Unsere Absichten sind gut, aber unser schlechtes Gedächtnis oder Zerstreuung verhindern es, dass unsere Absichten in die Tat umgesetzt werden. Wir fühlen uns schuldig, wenn wir die betreffende Person sehen, oder wir vergessen die ganze Begegnung. Wahrscheinlich würden wir unser Versäumnis nicht als Sünde ansehen. Genau das macht die Worte Samuels hier so verblüffend. Er nennt es eine Sünde, das Gebet für die Kinder Israels zu unterlassen – nicht einfach eine Sünde gegen Israel, sondern gegen Gott. Samuel spricht diese Worte am Übergang von der Zeit der Richter zur Zeit der Könige und Propheten. Er war das Bindeglied zwischen beiden Epochen: Als letzter Richter diente er zugleich als erster Prophet, der den ersten König einsetzte. Achten Sie darauf, mit welchen Worten Samuel seinen Herzenszustand wiedergibt. Er sah es als Sünde an, nicht mehr für Israel zu beten. Wir denken bei Sünde oft daran, dass wir etwas Falsches machen. Aber hier definiert Samuel Sünde als eine Unterlassung. Haben wir uns unterlassener Fürbitte schuldig gemacht?

Was sagen uns folgende Verse über die Bedürfnisse geistlicher Führer?

1. Thessalonicher 5,25

_____

_____

2. Thessalonicher 3,1

_____

_____

> „Wir alle müssen warten, bis eines Tages die erstaunlichen Entdeckungen gemacht werden, wessen treue Gebete in Krankenhäusern, Gefängnissen, Dschungeln, Rollstühlen, engen Großstadtwohnungen, Holzhütten, Bauernhöfen, Fabriken oder Konzentrationslagern Teil eines besonderen Sieges gewesen sind, wo jemand dem Todeskreislauf entrissen und Ketten gesprengt wurden, damit er in das neue Leben gehen konnte. Ich bin sicher, dass wir über die Maßen erstaunt sein werden zu sehen, wer oder wie viele für ihren Beitrag belohnt werden, dass sie die Verantwortung zur Fürbitte mit einfachem Glauben und Vertrauen wörtlich genommen haben, zu beten, Tag ein Tag aus Bitten vorzubringen."
>
> **Edith Schaeffer**

Hebräer 13,18

_____

_____

_____

Es gibt viele wichtige Menschen in unserem Leben, für die wir nach Gottes Willen beten sollen: z. B. für unsere Familie und engen Freunde. Niemand würde so intensiv für sie beten wie wir. Wir lernen von Samuels Beispiel, dass wir regelmäßig für die beten müssen, die unter unserer geistlichen Verantwortung stehen. Vielleicht vertraut der Herr uns einen Bibelkreis oder eine Sonntagschulgruppe an, oder wir stehen sonst in der Gemeinde in Verantwortung. Auch wenn es nicht so ist, sollten wir für die beten, zu denen wir gehören. Wir lesen, wie Paulus und andere geistliche Leiter wiederholt bitten: _„Betet für uns"_ (z. B. 1Thes 5,25; 2Thes 3,1; Hebr 13,18). Wir haben die Verantwortung, für unsere geistlichen Leiter zu beten, und auch für die, die wir leiten. Dabei haben wir auch ein eigennütziges Interesse: Geht es ihnen gut, haben wir Nutzen davon – andernfalls leiden wir, denn wir verlieren den Segen, den Gott uns durch ihren Dienst geben würde. Beten wir nicht für die, die uns anvertraut sind, laden wir ihnen die Last von mehr nötigem Dienst und Sorgen auf. Diese Art Gebet nenne ich „Gebet entlang der Vertikalen". Wir beten für die, die über uns stehen – die Verantwortung über uns haben –, und für die, die unter uns stehen – über die wir Verantwortung haben.

Denken Sie über 2. Thessalonicher 1,3 und die Notwendigkeit nach, für unsere Geschwister zu beten.

_____

_____

_____

Das Gebet füreinander festigt unsere Liebe zueinander.

Die vertikale Linie des Gebets ist wichtig. Aber sie ist nicht die einzige, die unser Gebet formen soll. Wie wir bei den einander-Aufforderungen sehen, gibt es auch eine horizontale Linie, die wir beachten sollen. Wir sollen füreinander beten – für unsere Geschwister. Im Thessalonicherbrief spricht Paulus über sein Dankgebet für sie: _„Wir müssen Gott allezeit für euch danken, Brüder, … weil euer Glaube reichlich wächst und die Liebe zueinander bei jedem Einzelnen von euch allen zunimmt."_ Das Gebet füreinander festigt unsere Liebe zueinander.

Gott möchte, dass seine Gemeinde eine Gemeinschaft ist, wo wir nicht nur sagen „Ich bete für dich" – sondern wo wir wirklich beten. Das gilt besonders, wenn uns jemand darum bittet. Wenn mich jemand um Gebet bittet, versuche ich immer, sofort mit ihm zu beten oder direkt nach unserem Gespräch damit zu beginnen. Unsere Fürbitte bewirkt etwas. Wir sehen vielleicht nicht immer die Wirkung, aber es gibt sie. Offenbarung 5,8 spricht von *„goldene(n) Schalen voller Räucherwerk; das sind die Gebete der Heiligen"*. Diese werden aufbewahrt in der Gegenwart des Herrn im Himmel. Das sollte uns motivieren, von der Sünde der unterlassenen Fürbitte wegzukommen.

Im Gebet füreinander anhalten

Füreinander beten
4. Tag

„Und als sie (die Jünger) *hineingekommen waren, stiegen sie hinauf in den Obersaal, wo sie sich aufzuhalten pflegten ... Diese alle verharrten einmütig im Gebet"* (Apg 1,13-14). Jesu Worte vor seiner Himmelfahrt waren nicht vage oder mehrdeutig. „Wartet!", sagte er. Zehn Tage lagen zwischen seiner Himmelfahrt und dem Kommen des Heiligen Geistes. Die Jünger verbrachten diese Zeit im Gebet. Wenn wir beten, dann wird es Zeiten geben, wo wir auf eine Antwort warten müssen – stellen Sie sich darauf ein. Es ist frustrierend, wie oft das Wort *warten* in der Bibel auftaucht. Aber in diesem einfachen Begriff steckt sehr viel Geistliches. Wenn Sie einmal darüber nachdenken, dann verbringen wir viel Zeit unseres Lebens mit Warten. Aber wir warten ja nicht, bis das Leben passiert – nein, es ist Teil des Lebens. Wir können akzeptieren, dass die meisten unserer Gebete nicht sofort beantwortet werden. Probleme haben wir dann, wenn Gott länger braucht, als wir es für angemessen halten. Ich glaube, dass Gott mit der Wartezeit bei unseren Gebeten ein Ziel verfolgt. Im Warten liegt etwas, das unsere Blicke auf ihn lenkt – dorthin, wo sie sein sollen. Je länger wir beten, desto mehr formt Gott unsere Bitte gemäß seinem Willen.

Wenn wir auf die Antwort auf unser Gebet warten, können wir leicht den Mut verlieren und aufhören zu beten. Wenn Gott nicht prompt antwortet, meinen wir, unsere Zeit zu verlieren. Der schottische Prediger Horatius Bonar (1808-1889) erinnert uns daran: „Kein Gebet ist verloren. Gebetsatem wird niemals vergebens gebraucht. Es gibt bei Gott keine unbeantworteten oder unbeachteten Gebete. Und manches, das uns als Ablehnung oder Verneinung erscheint, sind schlicht Verzögerungen." In den gelesenen Bibelversen erfahren wir, dass die Jünger *„einmütig im Gebet"* verharrten – das zeigt Ausdauer und Beharrlichkeit. Vielleicht verzögerte Gott, damit sie Ausdauer lernten. Früher oder später findet sich jeder von uns an einem Platz wieder, wo er warten muss. Aus Apostelgeschichte 1 lernen wir die praktische Lektion, dass hingegebenes Gebet in Gemeinschaft einfacher ist als allein. Die Jünger beteten gemeinsam. Das ist nicht nur Hilfe und Ermutigung für Sie – es ist auch ein Dienst an den anderen Betern. Gott möchte, dass sein Leib eine Gemeinschaft ist, die beständig füreinander betet.

✝ **Lesen Sie Markus 14,37-38. Inwiefern spiegelt diese Szene die Schwachheit der menschlichen Natur wider und unseren dringenden Bedarf, im Gebet anzuhalten?**

_____

_____

„Wacht und betet, damit ihr nicht in Versuchung kommt! Der Geist zwar ist willig, das Fleisch aber schwach."

Markus 14,38

Als Jesus in den Garten Gethsemane ging, bat er seine Jünger, bei ihm zu bleiben und mit ihm zu beten. Leider waren sie nicht sehr ausdauernd. Wir brauchen einander, wenn wir wachen und beten sollen. Vielleicht gibt es in Ihrer Gemeinde ein Gebetstreffen, an dem Sie teilnehmen können. Oder Sie können einen anderen Gläubigen bitten, sich mit Ihnen zum Gebet zu treffen.

Sehen Sie sich Apostelgeschichte 1,13-14 nochmals an. Warum wohl war es wichtig für Jesus, dass seine Nachfolger warteten und beteten?

_____

_____

_____

Die zehn Tage zwischen der Himmelfahrt und Pfingsten stellten ein „Warte-Training" für die Jünger dar. Ein wichtiger Teil dieses Trainings war das Gebet. Es ist diese unsichtbare Aktivität, die jede Lebenslage so verändern kann. Der amerikanische Pastor E. M. Bounds (1835-1913) schrieb: „Es ist richtig, dass die gesprochenen und niedergeschriebenen Gebete der Bibel kurz sind. Aber die betenden Männer der Bibel rangen mit Gott während vieler … Stunden. Sie errangen den Sieg mit wenigen Worten, aber durch langes Warten." Das Warten auf den Herrn richtet uns darauf aus, bewusst vor ihm innezuhalten und für ihn empfänglich zu sein. Wahrscheinlich gehörte es während der Zeit in dem Obersaal auch dazu, dass man *für*einander betete – das ist das Thema dieser Lektion –, aber als wichtigen Punkt dürfen wir auch nicht vergessen, *mit*einander zu beten. Gott möchte, dass sein Leib eine Gemeinschaft ist, die vor ihm in vereinigtem Gebet ausharrt.

Zu welcher Haltung fordern die folgenden Verse uns auf, die wir bestimmt auch auf unsere gemeinsame Gebetszeit anwenden dürfen?

Römer 12,16

_____

_____

Römer 15,5

_____

_____

_____

Es ist eindeutig, dass die frühe Gemeinde gemeinsam betete. Solches Beten bewirkt etwas in uns als Leib. Lukas schreibt in Apostelgeschichte 1, dass sie _einmütig_ im Gebet waren. Paulus ermahnt im Römerbrief zweimal: _„Seid gleichgesinnt gegeneinander."_ Eine der Segnungen des gemeinsamen Gebets ist, dass es unsere Herzen miteinander zu einer Einheit verknüpft. Ich frage mich, wie viele Gelegenheiten zum Wachstum die Gemeinde heute versäumt, weil sie das gemeinsame Gebet nicht zur Priorität macht.

Ich folge Gott nach

In den ersten Jahren der Gemeinde kamen die Gläubigen dem Auftrag nach, Zeugen des Herrn in _„Jerusalem als auch in ganz Judäa und Samaria"_ zu sein (Apg 1,8). Als Barnabas und Paulus in der Gemeinde in Antiochien dienten, war der Zeitpunkt gekommen, dass auch der letzte Teil von Vers 8 erfüllt werden sollte: _„und bis an das Ende der Erde"_. Jetzt gab es den Startschuss für den Aufbruch zur Weltmission.

 Lesen Sie Apostelgeschichte 13,2. Was taten die Verantwortlichen der Gemeinde in Antiochien, bevor sie Paulus und Barnabas zur ersten Missionsreise aussonderten?

_____

_____

Es ist bedenkenswert, dass der große Vorstoß zur Weltmission – die erste Reise von Paulus und Barnabas – aus einer Gebetsstunde heraus entstand und nicht aus einem Planungstreffen.

In Apostelgeschichte 13,2 lesen wir, dass die Leiter _„dienten und fasteten"_. Das griechische Wort für _dienen_ (_leitourgo_) liegt dem Wort _Liturgie_ zugrunde und weist im Präsens auf eine andauernde Handlung hin. Sie scheinen eine Zeit gehabt zu haben, wo sie anbeteten, den Willen des Herrn suchten und gleichzeitig ihren Dienst fortsetzten. Wir kennen nicht den Auslöser für ihr Fasten, aber Gott sprach während dieser Zeit zu ihnen. Wenn wir füreinander beten, soll unser Gespräch nicht einseitig sein. Gott möchte, dass wir ihm zuhören und nicht nur eine Liste von Dingen

Es ist bedenkenswert, dass der große Vorstoß zur Weltmission – die erste Reise von Paulus und Barnabas – aus einer Gebetsstunde heraus entstand und nicht aus einem Planungstreffen.

vorlesen, die wir gerne von ihm hätten. Gottes Botschaft war klar und eindeutig: Er wollte zwei Leitern der Gemeinde eine neue Aufgabe geben. Der offensichtliche Grund für den Reisedienst des Barnabas und Saulus ist, dass sie *„ausgesandt von dem Heiligen Geist"* waren (Apg 13,4). Wir vertrauen darauf, dass nicht nur die Aufgabe vom Heiligen Geist angestoßen war, sondern auch der ganze Prozess, der dorthin führte. Barnabas stammte ursprünglich von Zypern (Apg 4,36) und war vertraut mit der Kultur und Gegend. Seleuzia war der Hafen von Antiochia und somit die erste Station auf ihrem Weg nach Zypern. Denken Sie über die Konsequenzen nach. Antiochia war die erste heidenchristliche Gemeinde. Wir erfahren aus Apostelgeschichte 11,20, dass diese Gemeinde von Christen gegründet wurde, die ursprünglich aus Zypern stammten. Offensichtlich empfanden sie eine Last für die anderen Heiden, dass sie die lebensverändernde Botschaft des Evangeliums hörten. Da Barnabas aus Zypern stammte, war es ihm zweifellos ein Anliegen, für seine Heimat zu beten. Es ist ganz natürlich davon auszugehen, dass sie für ihre Landsleute beteten. Inmitten ihrer Gebete berief Gott sie, Teil der Gebetserhörung zu sein.

> *„Wir wissen nie, wie Gott unsere Gebete beantworten wird. Aber wir können erwarten, dass er uns in seinen Plan für die Antwort einbezieht. Wenn wir wahre Fürbitter sind, dann müssen wir bereit sein, an Gottes Werk für die Menschen teilzunehmen, für die wir beten."*
>
> **Corrie ten Boom**

Ein weiterer Grund dafür, dass Gott sich uns als eine Gemeinschaft wünscht, die füreinander betet, ist folgender: Durch das Gebet werden unsere Herzen hin zu Gottes Willen für den Gegenstand unserer Gebete gezogen. Wenn wir in den Dienst für andere durch Gebet einbezogen sind, sind wir am ehesten bereit für Gottes Einladung, ihnen auch auf andere Weise zu dienen. Corrie ten Booms Glaube wurde in einem Konzentrationslager der Nazis während des Zweiten Weltkrieges geformt. Im Blick auf das Gebet füreinander gab sie folgenden Ratschlag: „Wir wissen nie, wie Gott unsere Gebete beantworten wird. Aber wir können erwarten, dass er uns in seinen Plan für die Antwort einbezieht. Wenn wir wahre Fürbitter sind, dann müssen wir bereit sein, an Gottes Werk für die Menschen teilzunehmen, für die wir beten." Wenn wir füreinander beten, müssen wir auch bereit sein, Teil der Gebetsantwort für andere zu werden. Wenn wir für eine Not beten, in der wir selbst helfen können, müssen wir das Gebet beenden und beginnen, im Glauben zu handeln, dass Gott uns als Antwort auf das Gebet gebraucht. Wenn wir bereit zum Beten, aber nicht zum Handeln sind, ist das dann *„einander lieben, wie er es uns als Gebot gegeben hat"* (1Jo 3,23)?

Welche Antwort gibt Jakobus auf diese Frage? Lesen Sie dazu Jakobus 2,15-17.

_____

_____

_____

Seien wir nicht wie die Christen, deren Glauben Jakobus hier tadelt. Wahres Gebet ist ein Ausdruck des Glaubens, aber es kann nicht der einzige Weg sein, auf dem wir unseren Glauben zeigen.

Wie können Sie sich über die Nöte Ihrer Brüder und Schwestern informieren, für die Sie beten können?

Würden Sie sich als einen betenden Christen bezeichnen? Warum, oder warum nicht?

Wie könnte Ihr Gebetsleben intensiver werden?

Welche Hindernisse (praktisch, geistlich, emotional …) halten Sie davon ab, so für andere zu beten, wie Sie sollten oder gerne würden?

❑ Kein Vertrauen ins Gebet
❑ Keine Kenntnis von Nöten
❑ Kein wirkliches Interesse an anderen
❑ Unsicher, wie man Gebete formuliert
❑ Die Bibel noch nicht zum Thema *Gebet* studiert
❑ Mangel an guten Vorbildern
❑ Sonstiges:

Wie hat sich Ihre Einstellung zum Gebet für andere durch diese Lektion geändert?

Welche Gebetsanliegen haben Sie, die Sie gerne mit anderen teilen würden?

In Philipper 4,6 schreibt Paulus: *„Seid um nichts besorgt, sondern in allem sollen durch Gebet und Flehen mit Danksagung eure Anliegen vor Gott kundwerden."* Mit

„Gebet ist Gespräch mit Gott.“

Clemens von Alexandrien

anderen Worten: „Mach dir um gar nichts Sorgen. Bete stattdessen über alles. Vergiss nicht, Gott für seine Antworten zu danken.“ In Vers 7 sagt Paulus, was das Ergebnis eines solchen Betens ist: *„Und der Friede Gottes, der allen Verstand übersteigt, wird eure Herzen und eure Gedanken bewahren in Christus Jesus.“* Der frühe Kirchenvater Clemens von Alexandria (150-215 n. Chr.) sagte: „Gebet ist Gespräch mit Gott.“ Bitten Sie den Herrn, dass er Ihnen ein paar Nöte der Menschen in Ihrer Umgebung bewusst macht.

Erstellen Sie eine Gebetsliste, und beenden Sie dann diese Wochenlektion, indem Sie mit dem Herrn über diese Menschen sprechen.

1. _____

2. _____

3. _____

4. _____

5. _____

Einander vergeben

Zerbrochen. Wir haben das alle schon gesehen. Wir haben das alle schon in der einen oder anderen Weise erlebt. Vielleicht hatten wir auch Schuld daran. Zerbrochene Familien, Freundschaften, Gemeinden und Gemeinschaften – all das sind die Folgen nicht nur von Angriffen, sondern auch von unserer Unfähigkeit, darüber hinwegzusehen oder die Angriffe zu vergeben. Ob in der Ehe, Familie oder Gemeinde, es ist unausweichlich, dass irgendwo Konflikte auftreten. Salomo sagt in Sprüche 27,17: *„Eisen wird durch Eisen geschärft, und ein Mann schärft das Angesicht seines Nächsten."* Während dieser Vers die Wohltat von Beziehungen hervorhebt (schärfen), muss man aber auch erwähnen, dass Eisen auf Eisen reibt und Hitze produziert. Ich sage oft: Der Einzige, der allen Ärger hinter sich hat, ist der Schulbusfahrer. Konflikte kommen, und wenn man nicht auf eine gesunde Art und Weise damit umgeht, kann es den Tod wahrer Gemeinschaft bedeuten. Trennungen und Teilungen in Gemeinden und Familien können großen Schmerz verursachen und für Generationen anhalten. Gottes Lösung ist kein blindes Hoffen auf perfekte Menschen, perfekte Organisationen und Beziehungen. Das sind unmögliche Erwartungen in einer gefallenen Welt; das Vollkommene werden wir nur im Himmel finden. Bis dahin sind wir aufgefordert, anderen zu vergeben als Menschen, die von Christus Vergebung empfangen haben. Gott möchte, dass sein Leib eine Gemeinschaft ist, die sich dadurch auszeichnet, dass man einander die Gnade der Vergebung zeigt.

Ich habe schon oft mit verlobten Paaren Ehekurse gemacht. Das halte ich für eine sehr wichtige Investition von Zeit. Als Pastor habe ich natürlich auch schon viele seelsorgerliche Gespräche mit Paaren geführt, deren Ehe vor dem Aus stand. Es ist meiner Meinung nach wichtiger, über die Sicherheitsmaßnahmen am Gipfel nachzudenken, als eine Rettungsstation unten im Tal zu betreiben. Gemeinsame Treffen mit Paaren, die auf den Traualtar zusteuern, sind viel erfreulicher – und weniger stressig – als mit Paaren, für die der Hochzeitstag nur eine verblasste Erinnerung und ein vergessenes Versprechen bedeutet. Die Paare kurz vor der Ehe sind immer verliebt und meistens jung und naiv. Neben aller biblischen Unterweisung gebe ich immer den ganz praktischen Rat: Wenn ihr eure jetzige Vertrautheit beibehalten wollt, dann bittet immer schnell um Vergebung und gewährt sie. Gewöhnlich wird dieser Hinweis mit einem höflichen Lächeln quittiert. Und mir scheint, dass dahinter der irrige Gedanke steckt: So ein Ratschlag ist wahrscheinlich für manche Paare gut, aber *wir* haben das nicht nötig. Ich betrachte diesen wesentlichen Hinweis als eine Investition in die Zukunft und hoffe, die Paare erinnern sich dran, wenn die Realität ihre Beziehung einholt und ihre romantische Seifenblase zum Platzen bringt.

Gott möchte, dass sein Leib eine Gemeinschaft ist, die sich dadurch auszeichnet, dass man einander die Gnade der Vergebung zeigt.

Gemeinschaft mit anderen

Einander vergeben

1. Tag

Eine der erstaunlichsten Tatsachen im ersten Buch Mose ist für mich persönlich die Aussage, dass sogar in der Vollkommenheit des Gartens Eden etwas *„nicht gut"* war.

 Lesen Sie 1. Mose 2,18 und finden Sie heraus, *was* **nicht gut war.**

Die Sünde hatte noch nicht ihre Spuren hinterlassen, und doch war nicht alles gut. Der Mensch erfreute sich vollkommener Gemeinschaft mit Gott, aber er war noch nicht „vollständig". Was für ein Gegensatz zu der immer wiederkehrenden Aussage während der Schöpfung. Siebenmal lesen wir in Kapitel 1: *„Und Gott sah, dass es gut war"* (Kap. 1,4.10.12.18.21.25.31). Aber es war für den Menschen nicht gut, allein zu sein. Er war mit dem gottgegebenen Bedürfnis nach Beziehung geschaffen. Der Mensch war unvollständig erschaffen, sodass Gott ihn mit Eva vollenden konnte. Sie sollte eine *„Hilfe, ihm entsprechend"* sein (2,20). Darüber hinaus sollte es Kinder, Freunde und Nachbarn geben. Gott schuf den Menschen als soziales Geschöpf mit dem Bedürfnis nach ihm und nach einander.

Warum erschuf Gott den Mann allein? Warum hat er Adam und Eva nicht zur selben Zeit geschaffen? Eva war bestimmt kein nachträglicher Einfall. Vielleicht erschuf er sie gesondert, damit Adam sich bewusst wurde, dass er einer Beziehung bedarf. In 1. Mose 2,19 erschafft Gott *„alle Tiere des Feldes und alle Vögel des Himmels"* und bringt sie zu Adam. Aber sie können sein tiefstes Bedürfnis nicht stillen. In 1. Mose 2,20b lesen wir: *„Aber für Adam fand er keine Hilfe, ihm entsprechend."* Das war kein göttliches Beispiel für Versuch und Irrtum. Die Zeit des Alleinseins hatte einen Sinn für Adams Leben. Er musste erkennen, was ihm wirklich fehlte. Er musste lernen, dass die Stillung seines Bedürfnisses nur von seinem Schöpfer kam. Eine der eindrücklichsten Aussagen in diesem Kapitel lautet: *„... und er (Gott) brachte sie zum Menschen"* (2,22). Nachdem Gott Adam sein wahres Bedürfnis bewusst gemacht hatte, brachte er jemand Seinesgleichen zu ihm, mit dem er in Beziehung treten konnte. Letztendlich stillt Gott all unsere Bedürfnisse. Aber er entschied, dass einige Bedürfnisse durch Menschen gestillt werden sollen, die er in unser Leben bringt. Es ist für niemanden gut, allein zu sein.

 Lesen Sie 1. Johannes 1,7. Welche Folgen des *„im Licht wandeln"* **finden Sie hier?**

Als Folge der richtigen Gemeinschaft mit Gott suchen wir die richtige Gemeinschaft mit anderen. Umgekehrt gilt: Wenn es nicht unser Bestreben ist, in Gemeinschaft mit den anderen Gliedern des Leibes zu bleiben, wandeln wir nicht im Licht Jesu. „Gemeinschaft haben" steht in diesem Vers im Präsens. Das spricht davon, dass wir an einer fortdauernden, beständigen Gemeinschaft mit anderen festhalten sollen. Entweder ist in unseren Beziehungen miteinander alles in Ordnung, oder wir müssen alles in unserer Macht Stehende unternehmen, damit die Beziehung wieder in Ordnung kommt. Leider ist mangelnde Vergebungsbereitschaft einer der Hauptkiller von christlicher Gemeinschaft.

„... wir sind untereinander Glieder" **Epheser 4,25**

Vergleichen Sie die Aussage aus Epheser 4,25 *„wir sind untereinander Glieder"* mit der Warnung in den Versen 26-27. Was sind die Kosten zwischenmenschlicher Konflikte für unsere Beziehungen?

_____

_____

Ungelöste Konflikte untereinander geben dem Teufel eine Möglichkeit, sein Ziel zu verfolgen, anstatt dass Christus in unseren Beziehungen verherrlicht wird. Es wird Konflikte und sogar „Zornesblitze" geben. In diesem Fall müssen wir das Problem schnell angehen, ansonsten wird der Teufel diesen Angriff nutzen, um den Leib zu spalten.

Wenn die einander-Worte unsere Beziehung mit dem Leib Christi definieren, dann ist verhinderte Gemeinschaft mit den Geschwistern zugleich verhinderte Gemeinschaft mit Christus.

✝ **Lesen Sie 1. Johannes 3,11. Was ist das Ziel im Leben eines jeden von uns im Leib Christi? Wie können ungelöste Probleme dem im Weg stehen?**

_____

_____

Durch sein Leben hindurch erinnert der Apostel Johannes andere an Jesu *„neues Gebot"* (Joh 13,34). In 1. Johannes 3,11 wiederholt er die Aufforderung zu gegenseitiger Liebe. Wir lieben einander nur, wenn wir mit den Störungen in gesunden Beziehungen so umgehen, wie Gott es wünscht. Er möchte, dass sein Leib eine Gemeinschaft ist, die alles gibt, um die Dinge untereinander wieder in Ordnung zu bringen.

Studieren Sie Jesu Worte in Matthäus 5,23-24. Wie beeinflussen zwischenmenschliche Beziehungen unsere Beziehung zu Gott?

_____

_____

In Matthäus 5,23-24 spricht Jesus die Verbindung zwischen unserer vertikalen Beziehung zu Gott und unserer horizontalen Beziehungen zueinander an. Hier versucht vermutlich jemand, Sünde durch ein Opfer zu sühnen. Jesus macht deutlich, dass dieses Opfer so lange nichts bedeutet, bis die Dinge mit dem Bruder oder der Schwester wieder in Ordnung gebracht sind.

Wenn die einander-Worte unsere Beziehung mit dem Leib Christi definieren, dann ist verhinderte Gemeinschaft mit den Geschwistern zugleich verhinderte Gemeinschaft mit Christus. Haben Sie gemerkt, wo das Vergehen in dieser Situation steckt? Jesus sagt: Wenn *„dein Bruder etwas gegen dich hat"*, versöhne dich. Es liegt nicht nur an uns, einander zu vergeben, wenn wir beleidigt worden sind. Wir müssen aktiv die Vergebung von denen suchen, die wir beleidigt haben. Haben Sie einen Bruder oder eine Schwester beleidigt? Das Gesetz des Alten Testaments spricht nicht nur unsere Beziehung zu Gott an. Es regelt auch unserer Beziehung zum Nächsten. In 3. Mose 19,11 lesen wir: *„Ihr sollt nicht stehlen; und ihr sollt nicht lügen und nicht betrügerisch handeln einer gegen den anderen"* (vgl. 3Mo 25,14.17). Hast du andere durch deine Geschäftspraktiken gekränkt? Unsere horizontalen Beziehungen sind geistliche Angelegenheiten. An die Ehemänner gerichtet sagt Paulus: *„Ihr Männer ebenso, wohnt bei ihnen mit Einsicht als bei einem schwächeren Gefäß, dem weiblichen, und gebt ihnen Ehre als solchen, die auch Miterben der Gnade des Lebens sind, damit eure Gebete nicht verhindert werden!"* (1Petr 3,7). Hier werden die Frauen als die „schwächeren Gefäße" bezeichnet – wie feines chinesisches Porzellan, das bei falscher Behandlung leicht beschädigt wird. Diese Aufforderung des Paulus ging gegen die Norm der damaligen Kultur, wo man die Gefühle der Frauen missachtete. Wenn ein Ehemann seine Frau beleidigt, auch wenn es unbeabsichtigt geschieht, muss er die Dinge in Ordnung bringen, ansonsten steht es seiner Gemeinschaft mit Gott im Weg. Offensichtlich gibt es eine Wechselbeziehung zwischen unseren menschlichen Beziehungen und unserer Gemeinschaft mit Gott. Wir müssen einander vergeben, und wir müssen die Vergebung voneinander suchen.

Einander vergeben

2. Tag

In Frieden miteinander leben

In Markus 9,50 lesen wir: *„Das Salz ist gut; wenn aber das Salz salzlos geworden ist, womit wollt ihr es würzen? Habt Salz in euch selbst, und haltet Frieden untereinander!"* Frieden mit anderen zu halten bedeutet, dass es keine Spannungen und Konflikte zwischen zwei Geschwistern gibt, die Streit auslösen. Gott möchte, dass seine Gemeinde eine Gemeinschaft von Friedensstiftern ist, ganz besonders untereinander. Wenn der Friedefürst in unseren Herzen regiert, werden wir dem Frieden untereinander nachstreben. In Noahs Regenbogen haben wir ein schönes Bild für Frieden – das sichtbare Zeichen für Gottes Verheißung, dass Gott die Erde niemals wieder überfluten wird. Der Bogen war für Noah und seine Familie ein Bild für den

Frieden, für das vergangene Gericht und einen Neuanfang voll der Verheißungen Gottes. Das kann auch in unserem Leben wahr werden. Jesus trug unser Gericht am Kreuz. Dieses Gericht ist vergangen, und in seinem Auferstehungsleben haben wir die Verheißung eines Neuanfangs und eines täglichen Wandels im Frieden mit ihm. Dieser Bogen spricht auch von der Harmonie, die wir untereinander erleben können. Stellen Sie sich den Regenbogen noch einmal vor. Er ist nicht nur ein Bild für Gottes Versprechen, die Erde niemals mehr zu überfluten. Die Farben des Regenbogens bilden ein schönes Kunstwerk, und Gott wünscht sich, dass unser Leben so aussieht: ein Bild der Harmonie mit anderen. Gott möchte, dass sein Leib eine Gemeinschaft ist, die immer das sucht, was gut für den anderen ist.

Denken Sie über die folgenden Verse nach. Was ergänzen sie zu der Aufforderung Jesu *„Habt Salz in euch selbst, und haltet Frieden untereinander"*?

Sacharja 8,16

1. Thessalonicher 5,13b

Römer 12,18

SCHON GEWUSST

Bis zur Sintflut lesen wir nichts davon, dass es auf der Erde geregnet hätte. Zuvor heißt es in 1. Mose 2,6: *„... ein Dunst aber stieg von der Erde auf und bewässerte die ganze Oberfläche des Erdbodens."* Ein Regenbogen entsteht dadurch, dass das Sonnenlicht in atmosphärischen Wassertropfen reflektiert und in die sichtbaren Spektralfarben gebrochen wird. Ein Regenbogen war also erst möglich, als Gott es regnen ließ.

Wie können wir das leben? Jesus sagt, wir sollen Salz in uns selbst haben, und er verbindet das mit dem Frieden untereinander. Was meint er damit? Salz kann nur dadurch „unsalzig" werden, dass es mit anderen Dingen „gestreckt" oder „verdünnt" wird. Jesus fordert uns auf, ein ungetrübtes, unverfälschtes Leben zu führen. Ein Leben frei von Selbstsucht, von Egoismus. Diese Haltungen verursachen Unruhe in unserem Herzen und Konflikte mit anderen. Je weniger „Selbst" uns im Wege steht, desto weniger Ärgernis oder Stolperstein sind wir uns und anderen. Wenn wir versuchen, miteinander in Frieden zu leben, kann es auch passieren, dass die anderen aufgrund ihrer Selbstsucht das Ärgernis sind. Die mangelnde Bereitschaft zur gegenseitigen Vergebung kann ein echter Friedensstörer sein. Wir können das Handeln der anderen nicht kontrollieren, aber wir sind für uns verantwortlich. Erinnern Sie sich daran, was Paulus sagt: *„Wenn möglich, soviel an euch ist, lebt mit allen Menschen in Frieden!"* (Röm 12,18).

Jesus sagt in der Bergpredigt: „*Glückselig die Friedensstifter, denn sie werden Söhne Gottes heißen" (Mt 5,9)***. Wie verbindet uns die Eigenschaft, ein Friedensstifter zu sein, mit der Familie Gottes?**

„Glückselig die Friedensstifter, denn sie werden Söhne Gottes heißen."
Matthäus 5,9

Ein Friedensstifter zu sein, bedeutet nicht nur, mit anderen friedlich zu leben. Dazu gehört auch, ein Friedensvermittler im Leben anderer zu sein. In den Seligpreisungen verkündet Jesus: *„Glückselig die Friedensstifter, denn sie werden Söhne Gottes heißen"* (Mt 5,9). Der Text sagt nicht, dass solch ein Mensch automatisch ein Kind Gottes ist. Aber Kinder Gottes sollen sich durch dieses Streben nach Frieden auszeichnen – was nie auf Kosten der Wahrheit geschehen darf, denn das wäre ein falscher Frieden –, sodass andere im Kind den Charakter des Vaters erkennen. Gott freut es, wenn wir dem Frieden mit anderen nachstreben. Seien wir ehrlich: Der Leib, die Gemeinde, ist ein noch schönerer Ort, wenn wir gut miteinander auskommen.

Der Prophet Jesaja nennt Jesus *„Fürst des Friedens"* (Jes 9,6). Paulus betet in Römer 15,33: *„Der Gott des Friedens aber sei mit euch allen!"* Friede ist nicht nur etwas, das unser Herr gibt. Friede ist ein Teil seines Wesens. Den Ephesern sagt Paulus: *„Denn er ist unser Friede. Er hat aus beiden eins gemacht und die Zwischenwand der Umzäunung … abgebrochen"* (Eph 2,14). Durch das Werk am Kreuz hat Jesus nicht nur die Menschen mit Gott versöhnt, sondern auch untereinander. Er hat die Trennwand beseitigt, die Juden und Heiden im Tempel voneinander trennte. Denn unser Herr ist der höchste Friedensstifter. Wenn wir seine Eigenschaften widerspiegeln, wird sichtbar, dass wir ihm ähnlich sind. Gott möchte, dass seine Gemeinde eine Gemeinschaft von Friedensstiftern ist, besonders untereinander.

Sehen Sie sich Römer 14,19 in seinem Kontext genauer an. Was lernen Sie hier über dieses wichtige einander-Gebot?

Was bedeutet es, ein Friedensstifter zu sein? Paulus fordert uns deutlich auf, dem Frieden nachzustreben. Aber er weist uns nicht an, den Frieden als Ziel in sich selbst anzustreben. Vielmehr sollen wir das suchen, *„was dem Frieden* (mit den anderen) *dient"*. Wir können nicht kontrollieren, dass Frieden sein wird, aber wir können dem Friedensstiften nachstreben. Um diesen Gedanken von Paulus wirklich zu verstehen, müssen wir den Kontext berücksichtigen. Er spricht die Notwendigkeit für jeden Gläubigen an, Überzeugungen und nicht bloß Meinungen zu haben. Er fordert uns auf, unser eigenes Verhalten an diesen Überzeugungen aus-zurichten und nicht andere zu verurteilen. Was hat das mit gegenseitigem Vergeben zu tun? Denken Sie über die beiden Seiten der Frage nach, die Paulus in Römer 14 anspricht. Er gibt das Beispiel von einem, der Fleisch isst, und von einem anderen, der das für falsch hält. Er bezieht sich auf eine Person, die einen Tag in der Woche besonders achtet – vermutlich den Sabbat –, und auf eine andere, für die jeder Tag gleich wichtig ist. Er fordert beide dazu heraus, die Frage gründlich zu studieren, denn *„jeder aber sei in seinem eigenen Sinn völlig überzeugt!"* (Röm 14,5). Das Pro-blem ist, dass wir leicht Entscheidungen treffen, ohne das Thema gründlich zu studieren. Paulus beginnt das Kapitel mit den Worten: *„Den Schwachen im Glauben aber nehmt auf, doch nicht zur Entscheidung zweifelhafter Fragen!"* (Röm 14,1). Mit anderen Worten: Vergib ihm, dass er seine Überzeugungen nicht gründlich durch-dacht hat. Wenn wir die Unvollkommenheiten anderer nicht vergeben, sprechen wir das Urteil über ihre Meinungen. Weil *„jeder aber ... in seinem eigenen Sinn völlig überzeugt"* sein soll, müssen wir die Möglichkeit berücksichtigen, dass wir es selbst auch noch nicht ganz herausgefunden haben.

Was aber, wenn wir wirklich im Recht sind? Zunächst einmal ist das wahrscheinlich seltener, als wir denken. Aber ebenso wichtig ist: Auch wenn wir im Recht sind, geht es um mehr als unsere Rechte. In Römer 14,7 erinnert Paulus uns: *„Denn keiner von uns lebt sich selbst ..."* Das eigene Ich sollte weder unser einziger noch der wichtigste Überlegungspunkt sein. Falls wir Recht haben sollten und unseren Weg einfordern, sagen wir durch unser Verhalten, dass die andere Person nicht wichtig ist. Paulus weist darauf hin: *„... wenn dein Bruder wegen einer Speise betrübt wird, so wandelst du nicht mehr nach der Liebe. Verdirb nicht mit deiner Speise den, für den Christus gestorben ist!"* (Röm 14,15). Wenn wir selbstsüchtig und gedankenlos leben, statt dem Frieden nachzustreben, dann suchen wir den Konflikt und setzen uns selbst an die Stelle dessen, der Vergebung nötig hat. So möchte Gott den Leib nicht haben. Gott will, dass sein Leib eine Gemeinschaft ist, wo wir miteinander in Liebe um-gehen. Wir müssen daran arbeiten, *„der gegenseitigen Erbauung"* (V. 19) zu dienen. Dem Frieden nachstreben bedeutet: Auch wenn ich im Recht bin, fordere ich mein Recht nicht ein. Wer weiß, vielleicht verdienen wir durch unsere Rücksichtnahme das Recht, gehört zu werden und anderen zu einer reiferen Position zu helfen. Das zu erstreben, ist es wert.

Gott möchte, dass sein Leib eine Gemeinschaft ist, wo wir miteinander in Liebe umgehen.

 Lesen Sie die folgenden Verse. Wie wirkt sich unser Friedenstiften auf unser Zeugnis vor Ungläubigen aus?

Matthäus 5,13

Römer 2,23-24

Johannes 13,35

Manchmal ist Vergebung unsererseits notwendig, wenn Frieden jemals Wirklichkeit werden soll. Eine Eigenschaft von Salz ist, dass es Durst erzeugt. Unser Leben sollte in anderen den Durst nach Gott wecken – in Christen und Nicht-Christen. Wenn wir innerhalb des Leibes Jesu nicht im Frieden mit anderen leben – ob aufgrund von Beleidigungen oder fehlender Vergebungsbereitschaft –, können wir sie nicht näher zu Gott ziehen. Es kommt noch schlimmer: Wenn die Welt sieht, dass Christen unfähig sind, miteinander zurechtzukommen, verliert unser Salz (unser Einfluss auf die Welt) seinen Geschmack. Wir sind anderen ein Hindernis dabei, Durst nach Gott zu bekommen. Wenn unser Glaube im Leben nicht den Unterschied macht, dass wir mit anderen in Frieden leben, dann ist er für die Fernstehenden nicht sehr attraktiv. Dabei sollen sie uns doch an der Liebe als Jünger Jesu erkennen.

Wenn wir unseren Mitgläubigen die bedingungslose Liebe Jesu zeigen, dann erweisen wir uns als wahre Nachfolger Jesu, des *„Fürst des Friedens"*. Liebe ist die letzte Rechtfertigung – der höchste Beweis dafür, dass wir Frieden mit Gott haben, der uns bewegt, den Frieden mit anderen zu suchen. Gott möchte, dass seine Gemeinde eine Gemeinschaft ist, wo man miteinander in Liebe lebt und dem Frieden nachstrebt. Was sagt Gott zu Ihnen über Ihren Wandel in Frieden mit ihm und anderen?

Einander vergeben
3. Tag

Unseren Unmut loslassen

„Ein neues Gebot gebe ich euch, dass ihr einander liebt, damit, wie ich euch geliebt habe, auch ihr einander liebt."

Johannes 13,34

Ich bin mir manchmal nicht sicher, ob uns wirklich bewusst ist, was wir im Vaterunser beten. Jesus lehrte seine Nachfolger zu beten: *„Und vergib uns unsere Schulden, wie auch wir unseren Schuldnern vergeben haben ... Denn wenn ihr den Menschen ihre Vergehungen vergebt, so wird euer himmlischer Vater auch euch vergeben; wenn ihr aber den Menschen nicht vergebt, so wird euer Vater eure Vergehungen auch nicht vergeben"* (Mt 6,12-15). Möchten wir wirklich, dass Gott uns dieselbe Art von Vergebung schenkt, wie wir sie anderen zeigen? Das griechische Wort für „vergeben" lautet *aphiemi* und bedeutet wörtlich „freigeben", „gehen lassen". Was hat das mit Vergebung zu tun? Wenn Ihnen jemand einfällt, dem Sie bis zu diesem Tag nicht vergeben haben, dann halten Sie an seinem Vergehen fest. Sie sind nicht bereit, ihn gehen zu lassen. Wenn wir jemandem vergeben, befreien wir ihn von seiner Schuld, die wir ihm auferlegen möchten (oder die wir ihm von Gott auferlegt wünschen). Wir befreien ihn aus dem Gefängnis unserer kalten Blicke oder unserer Nichtbeachtung. Gott möchte nicht, dass wir Gefängniswärter sind und die anderen in unserem Zuchthaus der Unversöhnlichkeit einsperren. Er weiß: Wenn wir nicht vergeben, sind wir die wahren Gefangenen, gebunden von Bitterkeit, Zorn und Hass. Vergebung ist wirklich eine Angelegenheit des Glaubens. Vertrauen wir Gott, dass er mit dem Unrecht, das man uns angetan hat, in der richtigen Weise umgeht? Oder halten wir an unserem Recht auf Rache fest?

✝ **Lesen Sie Römer 12,17-19. Wessen Aufgabe ist es, mit dem Schuldigen bezüglich seines Vergehens umzugehen?**

Vertrauen wir Gott, dass er mit einem Schuldigen auf die richtige Weise umgeht? Oder fürchten wir, dass sich Gott für Gnade entscheidet, wenn wir Gerechtigkeit fordern?

✝ **Lesen Sie Römer 15,7. Was ist das Ergebnis, wenn wir einander annehmen?**

Gott möchte, dass sein Leib eine Gemeinschaft ist, die hart daran arbeitet, die Dinge untereinander zu klären.

Gott möchte, dass wir wie er Befreier sind. Er befreite uns von der Sünde, indem er für diese Sünde starb und den Preis dafür völlig bezahlte. Jetzt können wir die Freude der Freiheit und eines Lebens mit ihm in offener, ehrlicher Gemeinschaft genießen. Was für ein unglaubliches Geschenk! Er möchte, dass wir diesen Weg auch mit anderen gehen. Gott möchte als Kennzeichen seines Leibes, dass wir einander Gnade zeigen. Das bedeutet, dass wir die anderen freilassen und sie nicht mit unseren Meinungen, Emotionen, Haltungen und Urteilen gefangen halten. Wenn wir auf eine solche Weise leben, wird Gott in uns verherrlicht. Gott möchte, dass sein Leib eine Gemeinschaft ist, die hart daran arbeitet, die Dinge untereinander zu bereinigen.

✝ **Lesen Sie Matthäus 6,14-15. Welche zusätzliche Erklärung gibt Jesus zur Bitte um Vergebung im Vaterunser?**

Von allen Themen, die Christus in seinem Gebet anspricht, führt er nur die Vergebung weiter aus. Die Verse 14-15 sagen nicht, dass Gläubige sich die Vergebung Gottes verdienen, indem sie anderen vergeben; das würde der Erlösung aus Gnade widersprechen. Aber wenn wir uns weigern, einander zu vergeben, erfahren wir

Wir merken es vielleicht nicht, aber wann immer wir einen Mitchristen richten, richten wir auch uns selbst. Wir haben vielleicht nicht die besondere Sünde des anderen begangen, aber wenn wir ihn richten, verlangen wir, dass auf der Grundlage der Gerechtigkeit gehandelt wird.

nicht die Segnungen der Vergebung Gottes und zeigen damit möglicherweise, dass wir sie selbst gar nicht erfahren haben. Wenn wir Gottes Vergebung unserer Sünden richtig verstanden haben, dann sind wir auch bereit, anderen zu vergeben. Entscheiden wir uns für Vergebung, gibt Gott uns die Kraft dazu. Die Zeit zusammen wird viel besser, wenn wir in Gnade miteinander umgehen. Vergebt also einander, und erlebt Gnade.

Als die Pharisäer Jesus mit einer Frau konfrontierten, die beim Ehebruch ergriffen worden war, forderten sie, dass er sie verurteile. Statt zu antworten, schrieb Jesus mit seinem Finger in den Staub der Erde. Die Bibel sagt uns nicht, was er auf den Boden schrieb. Einige Ausleger meinen, dass es vielleicht die Zehn Gebote waren. Als sie weiter eine Antwort von ihm forderten, sagte er: *„Wer von euch ohne Sünde ist, werfe als Erster einen Stein auf sie"* (Joh 8,7). Ein Pharisäer nach dem anderen ging schweigend davon – die ältesten und weisesten von ihnen gingen zuerst. Wir merken es vielleicht nicht, aber wann immer wir einen Mitchristen richten, richten wir auch uns selbst. Wir haben vielleicht nicht die besondere Sünde des anderen begangen, aber wenn wir ihn richten, verlangen wir, dass auf der Grundlage der Gerechtigkeit gehandelt wird. Wenn wir im Falle des anderen Gerechtigkeit fordern, müssen wir dasselbe auch bei uns fordern. Wollen wir wirklich, dass man unsere Taten mit der Messlatte der Gerechtigkeit misst? Oder wollen wir lieber Gnade?

Einander vergeben
4. Tag

Die Folgen von Unversöhnlichkeit

Eines Tages kam Petrus zu Jesus und fragte: *„Herr, wie oft soll ich meinem Bruder, der gegen mich sündigt, vergeben? Bis siebenmal?"* (Mt 18,21). Die Pharisäer lehrten, dass man jemandem nur dreimal vergeben müsse. Petrus dachte wahrscheinlich, dass er sehr großzügig sei. In dieser Tageslektion geht es darum, dass Vergebung mehr ist als eine Bewährungszeit – so als gelte die Vergebung nur so lange, wie sich der Schuldige ordentlich benimmt. Petrus ist auf die Antwort von Jesus gar nicht vorbereitet: *„Ich sage dir: Nicht bis siebenmal, sondern bis siebzigmal siebenmal!"* (Mt 18,22). Der Herr erzählt dann ein Gleichnis, um Petrus zu zeigen, was wahre Vergebung ist. Er erzählt von einem Mann, der dem König eine große Summe Geld schuldete – 10.000 Talente. Das entspricht dem Arbeitslohn von 150 Jahren. Es war also völlig aussichtslos, dass ein gewöhnlicher Mensch diese Schuld begleichen konnte. Der König wollte daher den Mann und seine Familie als Sklaven verkaufen. Als dieser aber vor ihm niederfiel und um Gnade flehte, hatte der König Mitleid und vergab ihm die Schuld. Sie denken vielleicht: Wer so große Gnade erlebt hat, wird gegenüber anderen überfließende Gnade zeigen – aber so ist die menschliche Natur nicht. Dieser Mann traf einen Freund, der ihm 100 Denare schuldete – eine im Vergleich unbedeutende Summe. Als dieser nicht bezahlen konnte, ließ der Mann ihn ins Gefängnis werfen. Die Nachricht davon erreichte den König, der ihn herbeirief und sprach: „*Böser Knecht! Jene ganze Schuld habe ich dir erlassen, weil du mich batest. Solltest nicht auch du dich deines Mitknechtes erbarmt haben, wie auch ich mich deiner erbarmt habe?*" (Mt 18,32-33). Der zornige König übergab ihn den Folterknechten, bis die Schuld bezahlt war.

Wahrscheinlich merken wir es nicht: Wenn wir Gerechtigkeit von anderen einfordern und klagen, dass sie uns nicht widerfährt, dann verlangen wir nach einem anderen Standard als der Gnade Gottes, die er uns erwiesen hat. Wir wissen, dass wir vor Gott durch nichts außer seiner Gnade und Barmherzigkeit stehen. Aber in unseren Beziehungen zu anderen neigen wir dazu, Gerechtigkeit zu erwarten und zu fordern. Jakobus ermahnt uns, das Klagen gegen unsere Geschwister zu unterlassen. Wenn wir vollkommene Gerechtigkeit für sie fordern, müssen wir unser Leben nach demselben Standard beurteilen lassen. Ich glaube nicht, dass wir das wirklich möchten. Gott will, dass seine Gemeinde eine Gemeinschaft ist, wo wir zueinander gütig sind und einander vergeben, wie auch uns vergeben worden ist.

Wir wissen, dass wir vor Gott durch nichts außer seiner Gnade und Barmherzigkeit stehen. Aber in unseren Beziehungen zu anderen neigen wir dazu, Gerechtigkeit zu erwarten und zu fordern.

 Lesen Sie die folgenden Verse. Was fällt Ihnen auf, was wir einander nicht tun sollen?

Römer 14,13

_____

_____

1. Thessalonicher 5,15

_____

_____

Galater 5,15

_____

_____

Die Heilige Schrift trifft nicht nur klare Aussagen hinsichtlich unserer Verantwortung füreinander. Sie sagt uns auch, was *nicht* Teil unserer Beziehung zu anderen sein soll. Diese *Nicht* im Umgang miteinander stehen im Weg und behindern die Nachfolge. Aus Römer 14,13 lernen wir, dass wir es unterlassen sollen, den anderen zu richten. Im Grunde sagt Paulus hier: Statt dich darum zu sorgen, was der andere macht, solltest du dich um dein eigenes Verhalten kümmern und dem anderen keinen Anlass geben, dich zu richten.

Paulus hat einiges darüber zu sagen, was nicht in unsere Beziehung zu anderen hineingehört. Wenn jemand mir Unrecht tut und ich es ihm heimzahle, wird der andere nicht sagen: „Ich hätte ihm das nicht antun sollen." Er wird es mir umso mehr heimzahlen wollen, und der Kreislauf wiederholt sich. Indem wir danach streben, das Gute zu tun statt das Böse mit Bösem zu vergelten, durchbrechen wir den Kreislauf. In 1. Thessalonicher 5,15 finden wir die Ergänzung: *„und gegen alle!".* Das ist eine wichtige Präzisierung. Wenn wir nur das Gute der verletzten Person suchen, könnte es bloße Besänftigung sein. Aber es gibt Zeiten, wo wir das Böse konfrontieren müssen, damit andere vor Verletzungen bewahrt bleiben. Auch dann dürfen wir dem Bösen nicht mit Bösem begegnen. Wenn wir dem Schuldigen nicht zuvor vergeben haben, bieten wir dem Bösen einen Platz in unserem Herzen.

 Lesen Sie die folgenden Verse, und fassen Sie die Hauptaussagen in eigenen Worten zusammen.

Galater 5,25-26

_____

_____

> *„Seht zu, dass niemand einem anderen Böses mit Bösem vergelte, sondern strebt allezeit dem Guten nach gegeneinander und gegen alle!"*
> **1. Thessalonicher 5,15**

Kolosser 3,9

_____

_____

Paulus fügt im Galaterbrief unserer Nicht-Liste etwas hinzu. Nach *„eitler Ehre trachten"* oder *„einander herausfordern"* bedeutet, dass wir grundlos höher von uns selbst denken: „Ich habe Recht." Wer andere herausfordert, sagt ihnen damit deutlich: „Du hast Unrecht." *Herausfordern* bedeutet buchstäblich „jemanden nach vorne rufen", damit er meine Fragen beantwortet und vor mir Rechenschaft ablegt. Jemanden zu *beneiden* ist die Haltung, den Erfolg eines anderen zu begehren und zu sagen: „Du hast Recht, aber ich wünschte, *ich* hätte Recht." Alle diese Missstände setzt Paulus in Gegensatz zu *„durch den Geist wandeln"* (Gal 5,25).

Die Kolosser ermahnt Paulus, alle bösen Haltungen und Taten abzulegen (Kol 3,9). All das kann in einem Herzen heranreifen, das nicht vergebungsbereit ist. Denken Sie über die Ausdrucksweise von Paulus nach. Die Kolosser hatten ihren alten Menschen mit seinen bösen Handlungen schon bei der Errettung abgelegt. Die Tatsache, dass Paulus sie zum Ablegen der bösen Handlungen auffordert, zeigt uns eins: Auch wenn wir von der Knechtschaft an unsere alte Natur befreit sind, können wir durch unsere falschen Entscheidungen immer wieder zu ihr zurückkehren. Eine Abkürzung dorthin ist fehlende Vergebungsbereitschaft. Schon die Tatsache, dass wir aufgefordert werden, diese Dinge nicht zu tun, zeigt: Wenn die Kraft des Heiligen Geistes unser Leben lenkt, *können* wir diese Dinge ablegen. Es ist dann eine Frage des Willens: „Bin ich bereit, meine Rechte und Wünsche für meine Beziehungen dem Willen Gottes zu überlassen?" Wenn wir uns entscheiden, in Übereinstimmung mit Gottes offenbartem Willen (der Bibel) zu handeln, können wir darauf vertrauen, dass der Segen folgen wird. Wenn wir aber nach dem Fleisch leben, verletzen wir einander, und wir dienen einander nicht, wie wir es sollten.

 Lesen Sie Jakobus 5,9. Was gehört nicht in unsere Beziehungen im Leib Christi?

_____

_____

Was bedeutet das?

_____

Nicht alle einander-Gebote der Bibel sind positiv, beschreiben also das, was wir tun sollen. Manche auch das, was zu unterlassen ist. Eine richtige Beziehung zu Gott ist davon abhängig, dass er unsere Sünden vergeben hat. Aber die Auswirkung davon sollte sein, dass wir unseren Brüdern und Schwestern vergeben. Gott möchte, dass seine Gemeinde eine Gemeinschaft ist, die einander dieselbe Gnade zeigt, die er uns gezeigt hat, und die das Gericht ihm überlässt.

Es gibt grundlegende Wahrheiten, die unser Leben lenken. 1) Es gibt einen Gott, wir sind nicht allein. Wir haben weder das Recht noch die Kompetenz zu einem selbstbestimmten Leben. 2) Wir müssen nicht nur die Stellung Gottes erkennen, sondern auch anerkennen, dass wir nicht Gott sind.

 Lesen Sie Jakobus 4,11-12. Wessen Stelle nehmen wir ein, wenn wir über einen Bruder oder eine Schwester schlecht reden? Erklären Sie das.

_____

_____

_____

Jakobus macht deutlich: Wenn wir einander richten, nehmen wir einen Platz ein, der nur Gott zusteht. Er möchte, dass wir einander Barmherzigkeit und Liebe zeigen und das Recht ihm überlassen.

„Redet nicht schlecht übereinander, Brüder! Wer über einen Bruder schlecht redet oder seinen Bruder richtet, redet schlecht über das Gesetz und richtet das Gesetz. Wenn du aber das Gesetz richtest, so bist du nicht ein Täter des Gesetzes, sondern ein Richter. Einer ist Gesetzgeber und Richter, der zu retten und zu verderben vermag. Du aber, wer bist du, der du den Nächsten richtest?" **Jakobus 4,11-12**

Einander vergeben

5. Tag

Ich folge Gott nach

In einer gefallenen Welt, in der gefallene Menschen leben, sind Beleidigungen und Verletzungen unvermeidlich. Wenn wir an unserem Unmut gegenüber anderen festhalten statt zu vergeben, wachsen unsere *Bitterkeit* (Schmerzen), *Wut* (Aufbrausen), unser *Zorn* (gegenüber anderen aufbrausen) und *Geschrei* (Lärm machen) sowie *Lästerungen* (andere niedermachen). Mit diesen Dingen wachsen wir in der *Bosheit* – wir möchten ihnen wehtun oder sehen, dass sie Schmerzen leiden und für das bezahlen, was sie uns angetan haben. Unsere Welt ist von Sünde beschmutzt. Aber die Gemeinde muss keine von Sünde beschmutzte Gemeinschaft sein. Sie *darf* nicht ein solcher Ort sein.

> ✝ **Lesen Sie Kolosser 3,13. Welcher Maßstab soll unserer Bereitschaft zugrunde liegen, dem anderen zu vergeben?**

_____

_____

_____

_____

Gott möchte, dass seine Gemeinde eine Gemeinschaft ist, wo wir gütig zueinander sind und einander vergeben, wie er uns vergeben hat. Epheser 4,25 erinnert uns daran, warum es so wichtig ist, wie wir miteinander umgehen: *„Denn wir sind untereinander Glieder."* Aber diese Art von Gemeinschaft lässt sich nicht verwirklichen, wenn wir die hässlichen Eigenschaften nicht ablegen, die Paulus aufgelistet hat.

Denken Sie über die Liste in Epheser 4,31 nach. Markieren Sie die Bereiche, in denen Sie besonders Probleme in Ihren Beziehungen haben.

Gott möchte, dass seine Gemeinde eine Gemeinschaft ist, wo wir gütig zueinander sind und einander vergeben, wie er uns vergeben hat.

❑ *Bitterkeit* – beständige Feindseligkeit und Vorwürfe sind gegen jemanden gerichtet. Sie ist das Gegenteil von Gnade (Hebr 12,15).

❑ *Wut* – griech. *thymos*; davon abgeleitet *thermo* (heiß). Das Wort beschreibt ein plötzliches Überkochen der Emotionen.

❑ *Zorn* – griech. *orge*; davon abgeleitet das deutsche Wort *Orgie*. Ursprünglich beschreibt das Wort jede menschliche Emotion. Dann wurde es mit Zorn assoziiert, weil es wohl die stärkste der menschlichen Emotionen ist.

❑ *Geschrei* – das ist der verbale Ausdruck von Zorn.

❑ *Lästerung* – das griechische Wort *blasphemia* kennen wir in der Bedeutung von „Gotteslästerung". Hier bezieht es sich auf böses Reden über eine Person.

❑ *Bosheit* – der allumfassende Begriff, der dieses Thema umschließt. Mit anderen Worten: Tut diese bösen Dinge weg samt allem Bösen, das ich nicht erwähnt habe.

Wie können wir all diese Handlungen und Haltungen, die in Vers 31 genannt werden, wegtun? Lesen Sie Epheser 4,22-24.

Die Antwort liegt im Kontext von Kapitel 4. Hier spricht der Apostel Paulus bildlich von unserem geistlichen Zustand als von Kleidung. Vor unserer Errettung besaßen wir nichts als die dreckigen Lumpen der Sünde. Wir hatten gar keine andere Wahl, als sie zu tragen. Diese Handlungen und Haltungen sind ein Teil des *„alten Menschen"* (V. 22). Bei der Errettung bekamen wir heilige und gerechte Kleidung (*„Christus angezogen"*, Gal 3,27), den *„neuen Menschen"* (V. 24). Doch damit das Leben in Christus auch unsere Erfahrung sein kann, müssen wir die alten Kleider ablegen und die neuen anziehen. Er ermahnt uns, sie jeden Morgen vom Kleiderbügel zu nehmen und sie als unsere Kleidung zu wählen. Was ist diese neue Kleidung? Es ist Jesus.

Wovor warnt uns Sacharja 7,10?

Gibt es jemanden, dem Sie in Ihrem Herzen Unglück wünschen? Um gütig und vergebungsbereit zu sein, müssen wir die Kleidung des alten Menschen in einem Akt des Willens durch Bekenntnis und Buße ablegen. Buße hat nicht nur mit unserer Errettung zu tun, sondern ist auch für Gläubige unerlässlich.

Denken Sie nun über die Liste des Paulus in Epheser 4,32 nach. Markieren Sie positive Bereiche, wo es Ihnen nicht leichtfällt, sie in Beziehungen auszuleben.

❑ *gütig zueinander sein* – das scheint sich auf die Handlungen zu beziehen, die wir in unseren Beziehungen äußern.
❑ *mitleidig zueinander sein* – das scheint sich auf die Haltungen und das Mitgefühl zu beziehen, das wir gegenüber unseren Brüdern haben sollen.
❑ *einander vergeben* – das fügt den willentlichen Aspekt hinzu.

Wenn wir einen Mangel in einem dieser Bereiche feststellen, dann besteht die Lösung nicht in noch größerer Anstrengung, um ein guter Christ zu sein. Wenn wir das aus uns selbst schaffen könnten, bräuchten wir keinen Erretter. Wir können nicht beständig gütig, mitleidig und vergebungsbereit sein. Nur Christus kann das zu einer normalen Realität machen. Wir müssen Christus anziehen, unsere neuen Kleider, indem wir diesen Bereich der Kontrolle Jesu übergeben und in Abhängigkeit

Wenn wir einen Mangel in einem dieser Bereiche feststellen, denn besteht die Lösung nicht in noch größerer Anstrengung, um ein guter Christ zu sein.

von ihm leben. Zu einem langfristigen Plan zum Sieg muss gehören, dass wir ein erneuertes Denken kultivieren – dass wir Gottes Wort erlauben, uns von unseren sündigen Haltungen und Taten zu überführen und uns zu lehren, jeden Bereich unseres Lebens von seiner Perspektive aus zu sehen. Die Anwendung, die er wünscht, ist offensichtlich, aber die Anwendung ist unsere Entscheidung. Wir haben neue Kleidung – schön, fleckenlos. Was noch verblüffender ist: Wir können immer noch – und manchmal tun wir es auch – die schmutzigen Lumpen unserer alten, gefallenen Existenz tragen – die Lumpen der Bitterkeit, der Wut, des Zorns, der Bosheit und Unversöhnlichkeit. Die Auswahl der Kleidung ist unsere Entscheidung. Paulus ruft uns zu einem Lebensstil auf, in dem wir beständig die neuen Kleider Christi tragen – wo wir uns in Gerechtigkeit und Heiligkeit kleiden. Dazu gehören Güte und ein mildes Herz, das vergibt. Wenn wir die neuen Kleider tragen, sind wir gütig zueinander, dann sind wir fähig, einander so zu vergeben, wie Christus uns vergeben hat. Was wollen Sie heute anziehen?

Warum beenden Sie diese Lektion nicht mit einem Gebet, in dem Sie zum Ausdruck bringen, dass Sie sich Gottes Wirken in Ihren Beziehungen übergeben.

Einander ermutigen

Die meisten Gemeinden und sogar die meisten Menschen haben einen bedauerlichen Mangel an Vitamin E – Ermutigung. Paulus fordert die Gläubigen in 1. Thessalonicher 5,11 heraus: *„Deshalb* **ermuntert** *einander und* **erbaut** *einer den anderen, wie ihr auch tut!"* Beide Verben stehen im Imperativ Präsens. Sie sind also Befehle, etwas beständig zu tun. Das Wort *ermuntern* (griech. *parakaleo*) bedeutet wörtlich „an die Seite rufen". Gott möchte, dass wir an der Seite des anderen gehen und Worte sprechen, die erbauen. Das Wort *erbauen* (griech. *oikodomeo*) bezieht sich auf ein Haus, das sich im Bau befindet. Jeder von uns ist ein unvollendetes Projekt. Wir sind in Arbeit, und Gott möchte, dass wir in diesem Prozess einander als Hilfe begleiten. Wir alle sind dankbar, wenn jemand ein ermutigendes Wort inmitten einer schweren Aufgabe spricht. Die Arbeit geht leichter von der Hand, wenn man sie gemeinsam macht. Menschen spielen eine wichtige Rolle dabei, uns zu den Dingen zu ermutigen, die wir tun sollten. Hier gehen die beiden Ermahnungen Hand in Hand. Wir müssen an die Seite des anderen treten, um ihn zu ermuntern. Wenn wir das machen, bauen wir einander auf. Paulus' Aufforderung ist umso verblüffender, da die Aussage folgt, dass die Thessalonicher das ja schon tun. Auch diejenigen, die andere schon ermutigen und aufbauen, brauchen Ermutigung, darin nicht nachzulassen. Gott möchte, dass seine Gemeinde eine Gemeinschaft ist, die Menschen aufbaut, nicht herunterzieht.

Leider ist es ein Merkmal der gefallenen Natur des Menschen, mehr zu kritisieren als zu ermutigen. Es gibt in unserem Wortschatz mehr Wörter für negative Emotionen als für positive. Der Sprachwissenschaftler Robert Schrauf hat das Vokabular zweier unterschiedlicher Altersgruppen in zwei unterschiedlichen Sprachen und Kulturen untersucht und Erstaunliches festgestellt: „Die Hälfte der Wörter, die Menschen in ihrem aktiven Wortschatz gebrauchen, um Emotionen auszudrücken, sind negativ ... 30% sind positiv und 20% neutral. Bei jeder einzelnen Person aus diesen Gruppen – junge Mexikaner und alte Mexikaner, junge Angloamerikaner und alte Angloamerikaner – konnte man dieses Verhältnis feststellen."[1] Es scheint, dass jeder mit negativen Emotionen mehr Erfahrung hat und Inhalt verbindet als mit positiven. Das sind keine guten Nachrichten. Forscher im Bereich der Kindesentwicklung an der *University of Kansas* wiesen eine direkte Beziehung zwischen Ermutigung und dem IQ nach. Sie fanden heraus, dass Kinder mit dem höchsten IQ (im Durchschnitt 117) nicht nur mehr verbale Zuwendung von ihren Eltern erfahren haben, sondern das meiste davon war Positives (86% Ermutigung vs. 14% Entmutigung). Die Kinder am anderen Ende der Skala (ein durchschnittlicher IQ von 79) hörten viel mehr Negatives (27% Ermutigung vs. 73% Entmutigung). Der Psychologe John Gottman versuchte, aus dem Verhältnis von positiven und negativen Aussagen

1   ABC News, 2. Februar, 2005.

„Deshalb ermuntert einander und erbaut einer den anderen, wie ihr auch tut!"
1. Thessalonicher 5,11

in fünfzehnminütigen Gesprächen mit Ehepaaren herauszufinden, wie hoch die Wahrscheinlichkeit für eine Scheidung ist. In gesunden Beziehungen kommen im Schnitt fünf Ermutigungen auf jede kritische Äußerung.[2] Dasselbe Prinzip stellte sich auch als verblüffend zuverlässige Vorhersage für berufliche Leistungen heraus. Es scheint so, dass wir alle Ermutigung brauchen, um erfolgreich zu sein. Gott möchte, dass wir füreinander Ermutiger sind.

Einander ermutigen

1. Tag

Einander Ermutigung zusprechen

DER SOHN DES TROSTES

Barnabas' Charakter ist so mit seinem Dienst verbunden, dass er nicht unter seinem richtigen Namen (Joseph) bekannt ist, sondern unter seinem Rufnamen, Barnabas, „Sohn des Trostes".

Es mag Sie überraschen zu hören, dass viele Theologen der Meinung sind, ein Mann namens *Josef der Zyprer* habe für die Gemeinde des ersten Jahrhunderts den bedeutendsten Dienst getan, mehr noch als der Apostel Paulus. Sie sagen vielleicht: „Ich habe noch nie von Josef dem Zyprer gehört." Die Bibel redet nicht oft über ihn, aber jede Erwähnung ist bedeutend. Ein Grund, warum es bei uns nicht gleich klingelt, wenn wir seinen Namen hören, liegt an seinem viel bekannteren Rufnamen, den ihm die Jünger gaben: Barnabas, was „Sohn des Trostes" bedeutet. Sein Charakter war so mit seinem positiven Einfluss auf die Menschen in seinem Umfeld verbunden, das es seine Identität wurde. Auch wenn Barnabas wahrscheinlich den irdischen Dienst Jesu noch erlebt hatte, wird er erst in Apostelgeschichte 4,32-37 mit Namen erwähnt. Von diesem Zeitpunkt an steht dieser „Sohn des Trostes" in der Heiligen Schrift als ein leuchtendes Beispiel dafür, was für einen positiven, geistlichen Einfluss die Kraft der Ermutigung hat. Er ermutigte durch seine Worte und sein Leben, das die Menschen um ihn herum beständig bis zum Ende beeinflusste. Es ist gut möglich, dass er der Auslöser für die frühkirchliche Praxis der Gütergemeinschaft war; seine namentliche Erwähnung in Kapitel 4 könnte darauf hindeuten.

Als der Apostel Paulus Christ wurde, nachdem er zuvor die Gemeinde verfolgt hatte, wollte er sich den Jüngern in Jerusalem anschließen; aber alle mieden ihn. Nur Barnabas glaubte an ihn und war dafür verantwortlich, dass Paulus letztendlich in die Gemeinschaft der Gläubigen aufgenommen wurde. Das muss eine enorme Ermutigung für den jungen Apostel gewesen sein. Als die Leiter in Jerusalem erfuhren, dass in Antiochia die erste heidenchristliche Gemeinde entstanden war, schickten sie Barnabas dorthin, damit er die Dinge prüfe.

Wie reagierte Barnabas, als er Gottes Wirken in Antiochia sah? Lesen Sie Apostelgeschichte 11,23.

---

2   http://en.wikipedia.org/wiki/Positivity/negativity_ratio

Dann ermutigte er Paulus einmal mehr, als er ihn nach Antiochia holte, um dort gemeinsam mit ihm die junge Gemeinde zu unterweisen. Er förderte Johannes Markus als Partner auf der ersten Missionsreise. Gegen Ende dieser Reise lesen wir, wie Paulus und Barnabas als charakteristisches Merkmal ihres Dienstes die neugegründeten Gemeinden besuchten: Sie *„stärkten ... die Jünger ... und* **ermutigten** *sie dazu, unbeirrt am Glauben festzuhalten"* (Apg 14,22 NGÜ). Nachdem auf dem Apostelkonzil in Jerusalem bestätigt worden war, dass die Heiden nicht zuerst Juden werden mussten, um Christen sein zu können, wurde diese Nachricht von Barnabas, Paulus und ihren Begleitern überbracht. Als die Heidenchristen den Brief mit den Neuigkeiten empfingen, *„freuten sich (alle) über die Ermutigung"* (Apg 15,31).

 Lesen Sie Apostelgeschichte 15,36-39. Durch welches Verhalten zeigt sich Barnabas hier als Ermutiger?

Als Paulus vorschlug, zu einer zweiten Missionsreise aufzubrechen, wollte Barnabas den Johannes Markus ein zweites Mal fördern. Aber Paulus lehnte das ab, weil Markus auf der ersten Reise nicht bis zum Ende bei ihnen geblieben war. Unser „Sohn des Trostes" glaubte so an Markus, dass er sich zu ihm stellte. Das muss eine große Ermutigung für jemanden gewesen sein, der eine zweite Chance brauchte. Markus sollte später der „Lehrling" des Apostels Petrus werden und das Markusevangelium schreiben. Paulus' Meinung über Markus wurde mit der Zeit milder. Am Ende seines Lebens schrieb Paulus an Timotheus – zweifellos zumindest teilweise durch Barnabas' Glauben an den jungen Mann beeinflusst: *„Nimm Markus und bringe ihn mit dir! Denn er ist mir nützlich zum Dienst"* (2Tim 4,11). Durch seine Ermutigung und Patenschaft für Männer wie den Apostel Paulus oder Markus hinterlässt Barnabas ein geistliches Erbe, das ihn weit überragt und überdauert hat. Wir alle haben die Möglichkeit zu solchem Einfluss, indem wir einander ermutigen.

Finden Sie die einander-Aussagen in Epheser 5,18-19. Es sind einige praktische Resultate der Aufforderung „werdet voller Geist".

Der Apostel Paulus weist in Epheser 5,18-19 an: *„werdet voller Geist"*. Das heißt nicht, dass wir mehr vom Heiligen Geist bekommen, sondern dass er mehr von uns bekommt. Gottes Geist wohnt schon in jedem wahren Christen. Wir sind aufgefordert, Gottes Geist zu erlauben, jeden Bereich unseres Lebens in Besitz zu nehmen. Wenn Christus auf dem Thron unseres Herzens sitzt, wird er alle unsere menschlichen Beziehungen auf eine positive und ermutigende Weise beeinflussen. Wir werden in einer gesunden Weise miteinander reden, statt uns gegenseitig zu zerreißen. Wenn wir geisterfüllt sind, *werden* wir zueinander reden. Wir haben dann etwas zu sagen und auch die Freiheit dazu. Das umfasst wahrscheinlich das belehrende Reden wie auch das zwanglose im regelmäßigen Kontakt der Gläubigen. Der Inhalt unserer Gespräche mit anderen wird sie sowohl erbauen als auch Gott verherrlichen. Wir sollen zueinander in *„Psalmen und Lobliedern und geistlichen Liedern"* reden. Wie Sie wahrscheinlich schon erraten haben, beziehen sich die *Psalmen* auf das biblische Buch im Alten Testament. *Loblieder* sind nicht so eindeutig. Während Psalmen Lieder über eine Bitte um Befreiung oder die Freude über Gottes Eingreifen sind, besingen die Loblieder Gott weniger für seine Taten als dafür, wer er ist. *Geistliche Lieder* sind wörtlich „geistliche Oden" bzw. „Gedichte". Die Oden dienten im klassischen Griechisch dazu, Geschichten zu erzählen, und sind den modernen Balladen ähnlich. Paulus kennzeichnet sie mit dem Adjektiv „geistlich". Ein ermutigendes Bibelwort oder auch eine Liedstrophe in einer E-Mail oder Karte an Geschwister sind eine gute Möglichkeit, diesen Vers praktisch umzusetzen.

> *Gott möchte, dass seine Gemeinde eine Gemeinschaft von Menschen ist, deren Herzen in solch einer Übereinstimmung mit ihm sind, dass unser Reden zueinander seinem Plan folgt.*

Aber was um alles in der Welt bedeutet es, auf so eine Weise miteinander zu reden? Ist unser ganzes Leben als eine Art „Broadway-Stück" gedacht, wo jede große Wende der Ereignisse durch eine musikalische Einlage unterbrochen wird? Nein. Paulus sagt *„redet* zueinander", und nicht „singt zueinander". Die nächste Formulierung gibt uns Klarheit: *„... und dem Herrn mit eurem Herzen singt und spielt!"* Unser *Singen* gilt dem Herrn. Fokussieren Sie sich nicht so sehr auf die Methode, dass Sie dabei die innere Haltung übersehen. Wir haben nur dann ein Lied in unserem Herzen, wenn wir uns *freuen*. Das Wort *spielen* weist auf Instrumentalbegleitung hin, auf ein Instrument, das passende Töne zum Lied spielt. Denken Sie darüber nach. Wie der Musiker dem Dirigenten folgt, soll unser Reden in Abstimmung mit dem Willen des Dirigenten sein. Es soll nicht disharmonisch sein. Gott möchte, dass seine Gemeinde eine Gemeinschaft von Menschen ist, deren Herzen in solch einer Übereinstimmung mit ihm sind, dass unser Reden zueinander seinem Plan folgt.

Sehen Sie sich den Kontext von 1. Petrus 4,11 an. Wie soll geisterfülltes Reden aussehen?

Der Apostel Petrus sagt, wenn wir reden, sollen wir es als Aussprüche Gottes tun. Gott möchte unser Leben so durchdringen, dass wir in unseren Beziehungen zu anderen das sagen, was er in jeder Situation sagen würde. Stellen Sie sich vor, was für eine Art von Gemeinschaft die Gemeinde sein könnte, wenn das eine beständige Realität wäre. Wir können nicht kontrollieren, was andere machen. Wir können nicht mal uns selbst kontrollieren. Wenn wir in Hingabe an Christus leben – wenn er jeden Lebensbereich kontrolliert –, dann wird er auch unsere Zunge kontrollieren.

Wir *werden* sagen, was er sagen möchte. Gott möchte, dass seine Gemeinde eine Gemeinschaft ist, deren Herzen so in Übereinstimmung mit ihm sind, dass unser Reden zueinander in Übereinstimmung mit seinen Gedanken ist.

 Lesen Sie die Parallelverse zu Epheser 5,19 in Kolosser 3,16-17. Was fügt dieser Abschnitt zu unseren Gedanken über ermutigendes Reden hinzu?

Wenn Sie Kolosser 3,16 lesen, wird Ihnen auffallen, wie ähnlich dieser Vers den Gedanken in Epheser 5,19 ist. Ein Weg, unser Reden an Gottes Willen und Ziel auszurichten, besteht darin, *„das Wort des Christus ... reichlich in"* uns wohnen zu lassen. Die Formulierung *„wohne reichlich"* ist ein Imperativ (Befehl) und ist das Hauptverb dieses Satzes. Je mehr wir unter dem Einfluss von Gottes Wort stehen, desto mehr reden wir in Übereinstimmung mit dem, was Gott zu sagen hat. Wie auch in dem Abschnitt des Epheserbriefes malt Paulus hier das Bild von Christen als einem großen Orchester, das beständig nach dem Takt des Dirigenten spielt. Wenn wir das machen, sind wir fähig, einander auf Gottes Weise zu lehren und zu ermahnen. Das Wort *lehren* meint „durch die Worte des Mundes anweisen". Wenn wir unter dem Einfluss von Gottes Wort sind und in Übereinstimmung mit dem Dirigenten, dann können wir in das Leben anderer auf eine Weise sprechen, die zurüstet und Führung gibt. Das Wort *ermahnen* bedeutet wörtlich „etwas vor die Gedanken stellen". Während wir nicht kontrollieren können, wie andere unsere Ermahnung aufnehmen, werden wir die Wahrheit sagen, wenn wir vom Dirigenten geführt sind.

Unser Reden zueinander soll nicht nur durch das Wort Gottes beeinflusst sein, es soll das Wort Gottes *sein*. Wenn auch niemand von uns Heilige Schrift heute schreiben kann, *können* wir sie einander sagen, um uns Trost und Perspektive zu geben. Wahrheit baut immer auf – auch wenn es nicht das ist, was wir hören wollen. Sie baut besonders dann auf, wenn sie uns eine göttliche Perspektive auf die Umstände unseres Lebens gibt. Gott möchte, dass wir uns mit der Wahrheit ermutigen. Wen können Sie heute ermutigen?

> *„Euer Wort sei allezeit in Gnade, mit Salz gewürzt; ihr sollt wissen, wie ihr jedem Einzelnen antworten sollt!"*
> **Kolosser 4,6**

Die Gefahr der Entmutigung

Einander ermutigen

2. Tag

Als ich Kind war, ärgerten mein älterer Bruder und sein Freund mich einmal, indem sie sich über mich lustig machten und mich auslachten. In meinem Frust lief ich zu meiner Mutter, damit sie mir hilft und die Jungs schimpft. Stattdessen lehrte sie mich ein kleines Sprichwort: „Stock und Stein brechen mein Gebein, doch Worte bringen keine Pein." Mit neuer Zuversicht ging ich los und sagte den Spruch meinem Bruder und seinem Freund auf. Ich bin nicht sicher, welche Reaktion meine Mutter erwartet hatte, aber ich war äußerst enttäuscht über die Wirkungslosigkeit in meiner Situation. Mein Bruder und sein Freund nahmen Stöcke und Steine und bewarfen mich damit. Es war eine schmerzhafte Lektion, die auf der fehlenden Hilfe in der ersten Hälfte des Sprichworts beruhte. Ich war davon überzeugt, dass auch die zweite Hälfte nicht richtig sein kann. Seitdem fand ich durch eine Situation nach der anderen empirisch bestätigt, dass Worte sehr wohl die Kraft haben, mich genauso wie Stöcke und Steine zu verletzen – wenn nicht sogar noch mehr. Wenigstens heilen Knochenbrüche in ein paar Monaten.

Worte sind stark. Sie können machtvoll zum Guten eingesetzt werden, aber sie können auch bleibenden Schaden anrichten. Ein junger Mann, der von seinem Vater zu hören bekommt, dass er es nie zu etwas bringt, wird oft diese negative Erwartung erfüllen. Das junge Mädchen, dem Gleichaltrige sagen, dass es hässlich ist, hört diese Worte in Gedanken immer wieder, egal wie hübsch es einmal sein wird. Oft hat so ein Mädchen für den Rest seines Lebens mit Unsicherheit zu kämpfen, die die Folge dieser Lüge ist. Gott möchte, dass seine Gemeinde Menschen aufbaut und sie nicht zerbricht. Wir sollen eine Gemeinschaft sein, wo Entmutigung vom Aussterben bedroht ist.

 Lesen Sie Jakobus 3,3-5. Beantworten Sie folgende Fragen.

Welche drei Bilder aus dem Leben benutzt Jakobus in diesen Versen?

_____

_____

Welchen Einfluss haben unsere Zunge und Worte auf andere?

_____

_____

„Tod und Leben sind in der Gewalt der Zunge."
Sprüche 18,21

Die Illustrationen, die Paulus hier verwendet, sagen alle, dass ein kleiner Gegenstand einen großen Einfluss haben kann. Manchmal ist das Ergebnis positiv, ein anderes Mal ist es negativ. In gleicher Weise kann unser Reden sowohl zum Guten als auch zum Schlechten dienen. Sprüche 18,21 sagt: *„Tod und Leben sind in der Gewalt der Zunge."* Der dritte Vergleich – das Feuer – scheint den Zwiespalt hervorzuheben. Wenn man Feuer richtig gebraucht, ist es zum Kochen und Heizen sehr nützlich. Wenn man aber zulässt, dass es außer Kontrolle gerät, kann es äußerst zerstörerisch wirken. Es ist zu beachten, dass in den beiden positiven Beispielen, die Jakobus benutzt (Zaum im Maul der Pferde und ein Steuerruder), jemand anderes die Kontrolle über die kleinen Dinge hat. Wenn unser Selbst unser Reden beherrscht, dann wird es *ent*mutigen und niederreißen. Aber wenn Christus die Kontrolle über unsere Worte hat, wird unser Reden *er*mutigen und andere auferbauen.

✝ **Lesen Sie Hebräer 3,13. Welchen Einfluss hat ein Mangel an Ermutigung auf unsere Mitgeschwister?**

Eine der mächtigsten Waffen des Feindes ist Entmutigung. Wenn Ermutigung fehlt, geht Satan ans Werk. Er weiß: Auch wenn er uns nicht zum Stillstand bringt, kann er uns durch Entmutigung zumindest bremsen. Aber Gott hat den Leib so geschaffen, dass wir das Recht, die Fähigkeit und Verantwortung haben, uns gegenseitig vor Entmutigung zu bewahren. In Prediger 4,9-10 lesen wir: *„Zwei sind besser daran als ein Einzelner, weil sie einen guten Lohn für ihre Mühe haben. Denn wenn sie fallen, so richtet der eine seinen Gefährten auf. Wehe aber dem Einzelnen, der fällt, ohne dass ein Zweiter da ist, ihn aufzurichten!"* Gott möchte, dass wir so miteinander verbunden sind, dass immer jemand da ist, der uns hochhilft und ermutigt, wenn wir unter den Pfeilen der Ermutigung des Feindes zu Boden gehen.

✝ **Lesen Sie Hebräer 3,13 noch einmal: Wen sollen wir ermutigen?**

„... ermuntert einander jeden Tag, solange es ‚heute' heißt, damit niemand von euch verhärtet werde durch Betrug der Sünde!" Hebräer 3,13

Übersehen Sie nicht das Offensichtliche – wir sollen *einander* ermutigen. Ermutigung ist eine „Zweiwegstraße": Wir sollen sie geben *und* empfangen. Wenn Sie das Bedürfnis nach Ermutigung haben, werden Sie wahrscheinlich schnell feststellen, dass jemand aus Ihrer Umgebung das Gleiche braucht. Vielleicht können die anderen es nicht in gleicher Weise zurückgeben, aber Ihr Geschenk der Ermutigung in Notzeiten wird Ihnen vielfach zurückgezahlt werden. Sie können andere in dem Vertrauen ermutigen, dass Gott zu seiner Zeit jemanden schicken wird, der dann auch *Sie* ermutigt. In der Zwischenzeit wird es Ihnen helfen, die Augen von sich selbst zu lösen.

Wann sollen wir einander ermutigen?

Diese Aufforderung steht im Präsens; es handelt sich also um etwas, das wir beständig tun sollen. Der Schreiber sagt: *„solange es ‚heute' heißt"*, und das bedeutet für uns zunächst einmal *täglich*. Wenn wir für den Herrn empfänglich sind, wird er uns zu denen führen, die Ermutigung brauchen. Leider ist es nur allzu leicht, ungehorsam bei einer Aufgabe zu sein, die so immateriell ist wie Ermutigung. Aber dieser Vers sagt uns, dass wir jeden Tag dieses Anspornen brauchen.

Was lernen wir aus Epheser 4,27 über die Konsequenzen ungelöster Konflikte in der Gemeinde und über die Möglichkeit, zu ermutigen statt zu entmutigen?

Paulus fordert die Epheser auf, über ihrem Zorn die Sonne nicht untergehen zu lassen, damit sie *„dem Teufel keinen Raum"* geben. Aus demselben Grund sollten wir über dem Ansporn zur Ermutigung die Sonne nicht untergehen lassen. Nochmal: Warum sollen wir einander ermutigen? Weil jeder von uns *„verhärtet werde*(n kann) *durch den Betrug der Sünde"*. Es gibt einen interessanten Bezug im direkten Zusammenhang des heutigen Verses. In Kapitel 3,8 lesen wir: *„Verhärtet eure Herzen nicht, wie in der Erbitterung an dem Tage der Versuchung in der Wüste."* Da es den *Tag der Versuchung* gibt, dürfen wir es nicht wagen, mit unserer Ermutigung für andere zu zögern und zu spät zu kommen. Gott möchte uns *heute* gebrauchen, damit wir einander vor verhärteten Herzen bewahren. Wenn dem so ist, dann ist das sowohl ein Privileg als auch eine Verantwortung.

Jeremia schreibt: *„Trügerisch ist das Herz, mehr als alles, und unheilbar ist es"* (Jer 17,9). Unser Herz kann sich gegenüber Gott verhärten durch den Betrug unserer sündigen Neigungen. In unseren schwachen Stunden brauchen wir die Menschen um uns herum, die uns so lieben, dass sie uns zur Seite kommen. In einem Moment, wo der andere Not hat, sind wir vielleicht die Person, die Gott an seine Seite schickt.

Einander ermutigen

3. Tag

Die körperliche Seite der Ermutigung

Viel ist über die Wichtigkeit körperlichen Kontakts bei Neugeborenen und sogar bei Ungeborenen geschrieben worden. Untersuchungen zeigen, dass der Fötus schon mit 26 Wochen beginnt, auf die Vibrationen zu reagieren, die er im Mutterbauch spürt. Bei Babys ist der körperliche Kontakt nicht nur zum Trösten und Versorgen wichtig. Es hilft ihnen tatsächlich in so praktischen Angelegenheiten wie der Regulierung ihrer Gefühle und sogar ihrer Körpertemperatur. Kleinkinder lächeln und reagieren verbal mehr, wenn sie gestreichelt werden. Wir wissen, dass das natürliche körperliche Wachstum eines Kindes genauso sehr von der menschlichen Berührung wie von der psychischen Gesundheit abhängt. Aus körperlichen Bedürfnissen wachsen wir nicht heraus. Vom Beginn unseres Lebens bis zu seinem Ende sind menschliche Berührungen und soziale Interaktionen lebenswichtig. Dr. Meika Loe schreibt in ihrem Buch *Aging Our Way*, dass menschlicher Kontakt bei Achtzigjährigen genauso wichtig ist wie bei Neugeborenen. Berührungen drücken sowohl Zuneigung als auch Wertschätzung aus.

Gott hat uns so geschaffen, dass wir zwischenmenschliche Interaktion brauchen. Wenn wir mit einem anderen Menschen in nahen Kontakt kommen, egal wie geringfügig der Kontakt ist, kommt es zu einer chemischen Reaktion. Unser Körper setzt das Hormon *Oxytocin* frei. Es ist ein Neurotransmitter, der im Hypothalamus produziert wird und durch die Hypophyse transportiert und abgesondert wird. Er beeinflusst im Gehirn das emotionale, kognitive und soziale Verhalten. Es ist nachgewiesen worden, dass dadurch Entspannung, Vertrauen und psychologische Stabilität gefördert werden; außerdem reduziert es Stress und innere Unruhe. Die Wissenschaft geht davon aus, dass dieses Hormon auch Auswirkung hat auf soziale Anerkennung, Bindungen, das Erzeugen von Gruppenerinnerungen und andere wichtige Funktionen. Wenn wir über die biblische Aufforderung sprechen, einander zu ermutigen, sind Worte also nicht das einzige Werkzeug dazu.

Welche praktischen Umsetzungen von körperlichen Berührungen finden Sie in den folgenden einander-Versen?

1. Petrus 5,14

_____

Römer 16,16

_____

1. Korinther 16,20

_____

2. Korinther 13,12

_____

1. Thessalonicher 5,26

_____

Vom Beginn unseres Lebens bis zu seinem Ende sind menschliche Berührungen und soziale Interaktionen lebenswichtig.

Leicht blenden wir solche Aufforderungen als unbedeutende Zusätze in einem Brief aus. Es wäre hier aber falsch, diese Anweisung nicht buchstäblich zu verstehen. Kulturell gesehen war dieser sog. Bruderkuss in biblischen Zeiten zunächst den Angehörigen desselben Geschlechts vorbehalten. Nicht jede Gemeinde übt heute noch die exakt gleiche Praxis aus wie zu damaligen Zeiten. Aber wir sollten nicht den Wert aufgeben, der darin zum Ausdruck kam. Vielleicht ist es in Ihrer Kultur üblicher, die Hände zu schütteln oder auf den Rücken zu klopfen. Wie es auch immer konkret umgesetzt wird, diese Verse sind eine biblische Aufforderung zur körperlichen Ermutigung.

 Lesen Sie Apostelgeschichte 20,37. Schreiben Sie alle körperlichen Interaktionen auf, die die Ältesten von Ephesus gegenüber Paulus zum Ausdruck bringen.

„Grüßt einander mit dem Kuss der Liebe!"
1. Petrus 5,14

Wir lesen in Apostelgeschichte 20,37, dass die Ältesten aus Ephesus bei der letzten Begegnung mit Paulus laut weinten, ihm um den Hals fielen und ihn küssten. Es ist ein normaler und natürlicher Teil der biblischen Kultur, einander körperlich mit einem Kuss zu begrüßen. Das Alte Testament ist voll solcher Beispiele aus alter Zeit, wo der Kuss zwischen Eltern und Kindern, Geschwistern und Freunden ausgetauscht wurde. Wie Sie sich wahrscheinlich schon gedacht haben, geht es hier weder um Romantik noch um einen sinnlichen Kuss.

Das Wort für *Liebe* in der Aufforderung des Petrus *„Grüßt einander mit dem Kuss der Liebe"* lautet *agape* – das ist eine selbstlose, bedingungslose, verbindliche Liebe. Einige der Bibelabschnitte, die sich auf diese Praxis beziehen, enthalten das Wort *heilig*. Das macht klar, dass nichts Unangemessenes mit dieser Handlung verbunden ist. Das Ziel hinter dieser Praxis ist es, einander zu ermutigen und verbindliche Zuneigung zum Ausdruck zu bringen. All das macht es umso schmerzlicher, dass Judas den Herrn durch einen Kuss verriet. Der Teufel liebt es, die Dinge zu verdrehen, die Gott zum Guten beabsichtig hat.

Wenn wir heute auch einander nicht mehr küssen, praktizieren wir doch die körperliche Ermutigung. Wir schütteln Hände, umarmen uns, klopfen einander auf die Schulter. Aber vielleicht haben wir niemals darüber nachgedacht, wie wichtig und biblisch eine solche Praxis ist. Der Gedanke erscheint oft genug in der Heiligen Schrift, dass man ihn nicht übersehen kann. Gott möchte, dass seine Gemeinde eine Gemeinschaft ist, die heilige Zuneigung füreinander zum Ausdruck bringt. Gemeinschaft ist weit mehr als bloße Worte. Es gibt Dinge, die man nur durch die Tat kommunizieren kann. Die Häufigkeit, mit der solche Handlungen in der Bibel erwähnt werden, scheinen zu unterstreichen, dass wir alle die Berührung brauchen. Für manche könnte die Gemeinde der einzige Ort sein, wo sie solch eine Ermutigung bekommen.

> **✝** **Lesen Sie Johannes 13,1-5. Was lernen Sie im Lichte des Wochenthemas aus diesen bekannten Versen?**

Unser Herr zeigte körperliche und nonverbale Ermutigung, als er weinte. Oft berührte er Menschen, um sie zu heilen. Vielleicht hat sich als denkwürdigstes Beispiel von körperlicher und nonverbaler Ermutigung eingeprägt, dass unser Herr die Füße der Jünger im Obersaal wusch. Das war keine bloße Symbolhandlung. In einer staubigen Gegend, wo man alles zu Fuß erledigte, waren schmutzige Füße das Normale, und der Bedarf, sie zu waschen, war einfach immer gegeben. Jesus kniete zu Füßen seiner Nachfolger nieder, wusch sie in einer Schüssel und trocknete sie sanft mit einem Tuch ab. Das war eine ganz alltägliche Handlung und fühlte sich für müde Füße wahrscheinlich gut an. Das einzig Ungewöhnliche an dieser Begebenheit ist, wer hier die Füße wäscht. Jesus, der Führer, nimmt die Rolle ein, die dem Diener vorbehalten ist. Er macht deutlich: Es ist richtig und angemessen, einander auch auf körperliche Weise zu dienen. In Johannes 13,14 weist er die Jünger an: *„Wenn nun ich, der Herr und der Lehrer, eure Füße gewaschen habe, so seid auch ihr schuldig, einander die Füße zu waschen."*

Vielleicht erscheint uns das Fußwaschen heute unzeitgemäß, weil sich einfach die Bedingungen geändert haben und es seinen ursprünglichen Zweck nicht mehr erfüllt. Aber es gibt körperliche Möglichkeiten, wie wir einander ohne Worte ermutigen können. Gott möchte, dass seine Gemeinde eine Gemeinschaft ist, die eine heilige Zuneigung füreinander ausdrückt. Suchen Sie heute nach einer Möglichkeit, jemanden zu berühren. Es wird ihn ermutigen.

Gott möchte, dass seine Gemeinde eine Gemeinschaft ist, die heilige Zuneigung füreinander zum Ausdruck bringt.

Ermutigung zu Demut und Verantwortlichkeit

Einander ermutigen

4. Tag

Wir haben viel über praktische Wege gesprochen, wie wir andere ermutigen können. Bisher lag der Schwerpunkt darauf, was wir *tun* können. Ein anderer Aspekt unserer Möglichkeit zu ermutigen ist viel grundlegender als das. Wir ermutigen andere durch das, was wir tun, aber auch dadurch, was wir ganz einfach *sind*. Durch das Beispiel, das wir geben. Die Ermutigung ist besonders dann wirkungsvoll, wenn wir sie in Demut kleiden. Augustinus sagte: „Demut muss all unsere Taten bekleiden, muss überall bei uns sein. Denn sobald wir unsere guten Werke auskosten, haben sie keinen weiteren Wert für unseren Fortschritt in der Tugend." Die Welt sagt uns, dass wir nach Macht, Geld, Leistung und Erfolg streben sollen. Dagegen ruft der Herr uns auf, Hingabe und demütigen Dienst zu suchen. Wir sollen die anderen Angelegenheiten ihm und seiner souveränen Weisheit überlassen.

In Matthäus 6,1, einem Teil der Bergpredigt, ermahnt Jesus seine Zuhörer: *„Habt acht auf eure Gerechtigkeit, dass ihr sie nicht vor den Menschen übt, um von ihnen gesehen zu werden! Sonst habt ihr keinen Lohn bei eurem Vater, der in den Himmeln ist.“* Das ist ein radikaler Gedanke, aber völlig wahr: Wenn wir die richtigen Dinge auf die falsche Weise tun, sind sie am Ende nicht mehr die richtigen Dinge. Auch die geistlichsten Handlungen können verschmutzt und kraftlos werden, wenn sie in der falschen Haltung getan werden. Im Kontext von Matthäus 6 folgen Aussagen zu drei religiösen Handlungen, die Jesu Zuhörern sehr vertraut waren.

✝ **Lesen Sie Matthäus 6,2-5. Über welche drei Handlungen spricht Jesus?**

1. _____

2. _____

3. _____

> *„Demut muss all unsere Taten bekleiden, muss überall bei uns sein. Denn sobald wir unsere guten Werke auskosten, haben sie keinen weiteren Wert für unseren Fortschritt in der Tugend.“*
> **Augustinus**

In sich selbst scheint jede dieser drei Aktivitäten fromm und gottesfürchtig. Jesus weist aber auf folgendes Problem hin: Wenn wir diese Dinge tun, um die Aufmerksamkeit auf uns zu ziehen und aufzufallen, dann sind sie geistlich nutzlos und bringen keinen himmlischen Lohn. Umgekehrt gilt: Wenn wir sie gerne tun, weil es Gott gefällt und es richtige Taten sind – wenn unser himmlischer Vater der Zuschauer ist –, dann gibt es großen Lohn.

✝ **Lesen Sie 1. Petrus 5,5. Wie sollen wir uns kleiden? Was bedeutet das praktisch?**

_____

_____

„Gott widersteht den Hochmütigen“, so sagt Petrus, und wir mögen solche Menschen meist auch nicht sehr. Niemand ist gern mit jemandem zusammen, der voll von sich überzeugt ist. Aber auf der anderen Seite hat die Demut etwas Anziehendes und Ermutigendes.

An wen richtet Petrus diese Aufforderung (Vers 5)?

_____

_____

Petrus richtet diese Ermahnung nicht nur an die Ältesten, die er zu Beginn des Kapitels anspricht, auch nicht nur an die jungen Männer, die er zu Beginn dieses Verses ermahnt, sondern an jeden. Jedem von uns gibt er diesen Auftrag. Das griechische Wort für *„umkleidet euch"* beschreibt einen Sklaven, der sich eine Schürze umbindet. Wir sollen Demut wie ein Gewand tragen und es fest anlegen, damit es sich nicht löst. Diese Eigenschaft ist noch wünschenswerter bei jemandem, der als ein geistlicher Leiter dient – eine solche Haltung ist nicht nur wünschenswert, sondern angemessen.

 Lesen Sie Philipper 2,5. Welche Haltung sollte hinter all unseren Handlungen stehen?

Wie beschreibt Paulus diese Gesinnung in den Versen 6-7 weiter?

Wenn Christus sich selbst mit Demut kleidete, wird klar, wie unangemessen es für jeden von uns ist, sich mit Stolz zu kleiden. Im mosaischen Gesetz weist Gott Israel an: *„… über eure Brüder … sollt ihr nicht einer über den andern mit Gewalt herrschen"* (3Mo 25,46). Auch wenn wir als Leiter über andere gesetzt sind, sollten wir diese Aufgabe in Demut ausüben. Im gleichen Kontext wie der frühere Vers ermahnt Petrus die Leiter: Werdet *„Vorbilder der Herde"* (1Petr 5,3). Wenn wir uns alle mit Demut umkleiden sollen, dann sollten die Leiter ein Vorbild darin sein. Jeder von uns ermutigt die anderen zur Demut, wenn wir es selbst vorleben.

 Lesen Sie Epheser 5,21 in seinem größeren Kontext. Was bedeutet das praktisch?

„Ordnet euch einander unter in der Furcht Christi"
Epheser 5,21

Wir sollten beachten, dass Paulus später im Kapitel die Leiterrolle zu Hause und im Beruf thematisiert. Er spricht über Frauen, die sich ihren Männern unterordnen sollen, über gehorsame Kinder, die ihre Eltern ehren, und den Gehorsam der Sklaven – das kulturelle Äquivalent zu Arbeitnehmern heute – gegenüber ihren Herren. Bevor Paulus überhaupt eine dieser Gruppen anspricht, sagt er den Ephesern: *„Ordnet euch einander unter in der Furcht Christi"* (Eph 5,21). Diese kräftige Aussage steht als Überschrift über den folgenden Versen und verwandelt jede der angesprochenen Autoritäts-Beziehungen in eine Zwei-Wege-Straße. Ehemänner, die ihre Aufgabe ernst nehmen, werden ihre Frauen ernähren, lieben und mit der aufopfernden Liebe Christi leiten. Es wird leicht sein, sich solchen Ehemännern unterzuordnen und sie zu respektieren. Väter, die ihre Verantwortung vor Gott wahrnehmen, werden die Kinder nicht zum Zorn provozieren, sondern sie nach der Zucht und den Anweisungen des Herrn erziehen. Vorgesetzte, die sich ihrer Verantwortung gegenüber dem himmlischen Herrn bewusst sind, werden keine Gewalt anwenden. Solche Herren machen es ihren Angestellten leicht, ihren Dienst als dem Herrn zu tun.

Wir alle müssen voreinander zur Rechenschaft verpflichtet sein. Im Leib Christi steht niemand darüber. Wenn wir uns selbst freiwillig einander unterordnen, ermutigen wir andere zu demselben Verhalten. Der Vers impliziert, dass die gegenseitige Unterordnung eine Verpflichtung ist, die das Gliedsein am Leib Christi mit sich bringt. Diese Aussage folgt kurz nach der Aufforderung in Vers 18: *„Werdet voller Geist!"* Gegenseitig in Demut verantwortlich zu sein, ist nichts, was einem Ungläubigen natürlicherweise zufällt. Aber es ist die logische Folge einer hingegebenen Nachfolge Jesu und einer demütigen Rechenschaft ihm gegenüber.

 Lesen Sie 1. Korinther 11,33. Was fällt Ihnen an dieser einander-Aussage auf?

Gott möchte, dass seine Gemeinde eine Gemeinschaft ist, wo jeder von uns den anderen vor sich stellt.

Wie sieht die Ermutigung zu Demut und gegenseitiger Rechenschaft praktisch aus? Im Zusammenhang geht es hier um das Verhalten beim Abendmahl. Zur Zeit des Paulus wurde es im Rahmen einer vollständigen Mahlzeit gehalten, vergleichbar seinem alttestamentlichen Gegenstück, dem Passamahl. In ihrer Selbstsucht und Gier machten die Korinther das Herrenmahl zu einem Kampf, wer zuerst seinen Teller gefüllt hat. Einige fraßen sich voll, während andere hungrig nach Hause gingen. Eine einfache Möglichkeit, wie wir Demut und gegenseitige Verantwortung zum Ausdruck bringen können, ist es, den anderen an die erste Stelle zu setzen.

 Lesen Sie Philipper 2,3-4. Welches Prinzip für den Umgang miteinander nennt Paulus in Vers 3b?

Jeder wird ermutigt, wenn wir so leben. Wenn wir dem anderen eine solche Wertschätzung entgegenbringen. Das Problem ist, dass Demut nicht bloß eine Tat, sondern eine Herzenshaltung ist. Wir können Demut nicht vortäuschen. Entweder ist sie echt, oder ihr Fehlen ist wirklich offensichtlich. Wenn wir in jemandem echte

Demut feststellen, dann sehen wir, wie der Leib Christi sein soll: eine Gemeinschaft, wo jeder den anderen höher achtet als sich selbst. Vielleicht hat die Demut deswegen ein so großes Potential, einander zu ermutigen. So wünscht Gott, dass seine Gemeinde eine Gemeinschaft ist, wo jeder von uns den anderen vor sich stellt.

Ich folge Gott nach

Einander ermutigen
5. Tag

Im Verlauf dieses Kurses haben wir jedes einander-Gebot der Bibel angesehen. Wenn wir jetzt einen letzten Blick darauf werfen, wie Gott sich seine Gemeinde wünscht, wollen wir uns noch einmal eine der wichtigsten Aussagen ansehen: *„... lasst uns aufeinander achthaben, um uns zur Liebe und zu guten Werken anzureizen, indem wir unser Zusammenkommen nicht versäumen, wie es bei einigen Sitte ist, sondern einander ermuntern, und das umso mehr, je mehr ihr den Tag herannahen seht!"* (Hebr 10,24-25). Einen Vers zuvor hat der Schreiber die Gläubigen ermahnt, nahe an Christus zu bleiben, und in einem Atemzug ruft er uns auf, nah beieinander zu bleiben – *„unser Zusammenkommen nicht versäumen"*. Wenn Sie einige brennende Holzscheite zusammenlegen, haben Sie ein Lagerfeuer. Aber wenn Sie ein Scheit wegnehmen und alleine legen, wird sein Feuer schnell verlöschen. Als Leib Christi brauchen wir einander, und wir brauchen regelmäßig Zeit miteinander. Der Hebräerbrief ruft uns zu einem Lebensstil der gegenseitigen Ermutigung auf. Das griechische Wort, das hier mit *versäumen* übersetzt wird, bedeutet „verlassen" oder „zurücklassen". Hebräer 13,5 verwendet genau dieses Wort in dem Zitat, wo Gott spricht: *„Ich will dich nicht aufgeben und dich nicht verlassen."* Er wird uns niemals verlassen. Aber wenn wir damit aufhören, uns mit den Gliedern seines Leibes zu versammeln, entfernen wir uns von ihm. Offensichtlich war das ein Problem in der frühen Gemeinde, wie die Formulierung *„wie es bei einigen Sitte ist"* zeigt. Es wird immer wieder vorkommen, dass wir keine Gelegenheit haben, uns mit unseren Geschwistern zu treffen – vielleicht sind wir krank oder auf Reise; das ist hier nicht gemeint.

„wie es bei einigen Sitte ist" – wie würden Sie in diesem Zusammenhang das Wort Sitte beschrieben?

_____

_____

Welche innere Haltung wird bei diesen Gläubigen deutlich?

_____

_____

Das Wort *Sitte* weist auf eine Gewohnheit hin, auf ein andauerndes Verhalten. Einige sehen das Zusammenkommen mit den Geschwistern einfach als nicht so wichtig an. Für den Herrn ist es wichtig, und für uns alle ist es notwendig. Jeder von uns braucht die Ermutigung, die Zurüstung und Rechenschaft, die wir von anderen empfangen, wenn wir zusammenkommen. Wir haben auch die Verantwortung, die gleichen Dinge dem Leben der anderen mitzuteilen.

In dem Versuch, die Prinzipien dieser Woche anzuwenden, beantworten Sie ehrlich die folgenden Fragen:

Wie viele Sonntage haben Sie gefehlt, wenn sich Ihre Gemeinde zur Anbetung und zum Hören auf Gottes Wort versammelt hat?

Wie oft war Ihre Abwesenheit unvermeidbar, wie oft haben Sie es einfach vorgezogen, nicht zu gehen?

Nennen Sie einige Umstände, die Sie am Gemeindebesuch hindern.

Wie viele Bibelstunden haben Sie gefehlt?

Wie oft hätten Sie gehen können, haben aber – ehrlich gesagt – keine Lust gehabt?

Wie oft haben Sie Treffen wie Frauen- oder Männerkreis, Hauskreis, Jugendstunde ausfallen lassen?

Was waren die Gründe dafür?

Wie oft wäre es tatsächlich doch möglich gewesen hinzugehen?

Wie sieht es aus, wenn sich der Leib Christi versammelt? Dieser Abschnitt zeichnet ein Bild von einer Gemeinde, wo sich jeder verpflichtet hat dabeizusein. Das Zusammenkommen wird nicht vernachlässigt. Unsere Teilnahme beginnt nicht einfach dann, wenn wir in der Gemeinde ankommen. Wir sind aufgefordert, *„aufeinander acht(zu)haben, um uns zur Liebe und zu guten Werken anzureizen."* Das Wort *achthaben* bedeutet „nachdenken", „beabsichtigen", „erwägen". Es spricht von Voraussicht und Absichtlichkeit. Wir müssen Wege planen, um einander anzureizen, Liebe und gute Werke zu zeigen. Wenn Sie darüber nachdenken, decken Liebe und gute Werke all die anderen einander-Gebote ab. Ist Ihnen aufgefallen, wo die Verantwortung für die Handlungen liegt? Gemäß dem Hebräerbrief sollen wir alle einander anreizen. Sind wir vielleicht versucht, die Gemeinde zu wechseln, weil wir meinen, wir fühlen uns da nicht wohl oder es bringt uns nichts? Wir müssen erkennen, dass wir nicht als Zuschauer gebraucht werden – die werden bestimmt nicht vermisst. Aber wenn wir nicht kommen, wird der Dienst vermisst, den wir nach Gottes Willen leisten sollen. Dienst ist nicht die Verantwortung einiger Vollzeitler, wie Pastoren, Prediger oder Missionare.

Bewerten Sie sich ehrlich auf dieser Skala:

Ich gehe zur Gemeinde, damit man mir dient	1	2	3	4	5	6	7	Ich gehe zur Gemeinde, um zu dienen

Christentum war niemals als Zuschauersport gedacht. Wir alle sollen einander dienen. Darum gibt die Bibel jedem so viele einander-Gebote. Anstatt die Gemeinde zu wechseln, weil uns niemand zu dienen scheint, sollten wir vielleicht diejenigen sein, die die Gemeinde in einen Ort verwandeln, wo wir alle der Verantwortung nachkommen, einander zu ermutigen. Wir sollten besser so denken: Wenn ich nicht hingehe, wird vielleicht jemand nicht zu Liebe und guten Werken angereizt, so wie es sein sollte. Gott möchte, dass seine Gemeinde eine Gemeinschaft ist, wo jeder mit einem Plan hinkommt, wie er andere ermutigen kann, zu lieben und gute Werke zu tun. Wie wichtig ist es für die Gemeinde, so zu wirken? Das ist keine Not, die jemals kleiner wird. Mit jedem Tag wird es wichtiger, einander zu ermutigen. Sie müssen es als eine persönliche Verantwortung ansehen, einander zu *„ermuntern, und das umso mehr, je mehr ihr den Tag herannahen seht!"* Je näher Christi Wiederkunft naht, desto größer ist der Bedarf daran. Fangen Sie heute damit an, sich Wege zu überlegen, wie Sie andere anreizen können, das Gleiche zu tun.

Welche Person fällt Ihnen ein, die Ermutigung brauchen könnte?

_____

_____

„... lasst uns aufeinander achthaben, um uns zur Liebe und zu guten Werken anzureizen, indem wir unser Zusammenkommen nicht versäumen, wie es bei einigen Sitte ist, sondern einander ermuntern, und das umso mehr, je mehr ihr den Tag herannahen seht!"
Hebräer 10,24-25

Welche praktischen Dinge können Sie tun, um anderen ein Segen und eine Ermutigung zu sein?

_____

_____

Beenden Sie diese Lektion mit einem Gebet der Hingabe an Gottes Wirken in Ihren Beziehungen.

_____

_____

_____

_____

_____

_____

_____

_____

_____

_____